dtv

Herausgegeben von Olaf Benzinger

Johannes Balve, geboren 1957 in Düsseldorf, hat über viele Jahre als Germanist an in- und ausländischen Universitäten deutsche Sprache und Literatur gelehrt. Bei der OECD in Paris arbeitete er an dem PISA benachbarten IHME-Programm für Hochschulen mit, seitdem befasst er sich als Journalist und Publizist mit aktuellen Fragestellungen der Bildungsreform.

einfach wissen

Das Wichtigste über

Literatur & Sprache

Von Johannes Balve

Mit zahlreichen farbigen Abbildungen

Deutscher Taschenbuch Verlag

Ein Überblick über die gesamte Reihe findet sich am Ende des Buches

Originalausgabe
Oktober 2006
© Deutscher Taschenbuch Verlag GmbH & Co. KG,
München
www.dtv.de
Das Werk ist urheberrechtlich geschützt.
Sämtliche, auch auszugsweise Verwertungen bleiben vorbehalten.
Umschlagkonzept: Balk & Brumshagen
Umschlagfoto: Corbis
Redaktion, Satz und Innengestaltung: Lektyre Verlagsbüro, Germering
Gesetzt aus der Concorde 9/13°
Druck und Bindung: APPL, Wemding
Gedruckt auf säurefreiem, chlorfrei gebleichtem Papier
Printed in Germany
ISBN-13: 978-3-423-34361-9
ISBN-10: 3-423-34361-3

Inhalt

Vorwort des Herausgebers

Bildung steht wieder hoch im Kurs: Wissen ist wichtig für den beruflichen und den persönlichen Erfolg. Eine gute Allgemeinbildung erhöht nicht nur die Chancen im Leben, sondern auch den Spaß daran. Man kann sogar Millionär damit werden.

Heutzutage steht uns eine nahezu unbegrenzte Menge an Wissen zur Verfügung, das jederzeit aus Büchern, aus anderen Printmedien und aus dem Internet abgerufen werden kann. Dennoch ist ständig die Rede davon, dass das Bildungsniveau nicht steigt, sondern sinkt, und zwar quer durch alle Bevölkerungsschichten.

Über die Ursachen für diese Entwicklung wird viel diskutiert. Eines ist klar: Die steigende Informationsflut macht zusammen mit der wachsenden Medienvielfalt den Erwerb und die dauerhafte Aneignung von Wissen nicht einfacher, eher sogar schwieriger. Was man irgendwann mal gelernt hat, verschwindet aus dem Gedächtnis, was man neu aufnimmt, bleibt nicht richtig darin verankert. Man weiß immer mehr und versteht immer weniger.

Das überraschend schwache Abschneiden der Deutschen in der schon fast sprichwörtlich gewordenen PISA-Studie hat sicherlich viele Ursachen, ist aber gerade auch vor diesem Hintergrund zu verstehen.

Die Reihe ›einfach wissen‹ bietet hier Unterstützung an. Namhafte Wissenschaftspublizisten stellen in acht Bänden ein breites Spektrum von Wissensgebieten vor: von Naturwissenschaft und Technik bis Theologie, von Literatur bis Politik und Wirtschaft, von Geschichte bis Geografie, von Medizin bis Kunst und Musik. Aus dem jeweiligen Fachgebiet werden zentrale Informationen herausgefiltert, die als Grundwissen gelten können. Dadurch entsteht eine solide Wissensbasis, die es erleichtert, weiteres Detailwissen einzuordnen, miteinander zu verknüpfen und im Gedächtnis zu behalten. Die Texte sind in knappen Einheiten aufgebaut, sie sind gut verständlich und unterhaltsam geschrieben.

Eine Fülle von Abbildungen illustriert und ergänzt die Informationen im Text. Im Anhang findet man Lektüreempfehlungen sowie zahlreiche weitere praktische Hinweise und Informationen. So kann man vorhandene Kenntnisse spielerisch auffrischen und sich neue Themenfelder erschließen.

Der vorliegende Band beschäftigt sich mit dem Themenkreis, der sich aus Sprache und Literatur ergibt. Vorgestellt werden zunächst die herausragenden Persönlichkeiten im Wesentlichen aus dem deutschsprachigen Literaturraum, die mit ihren Werken dem kulturellen Leben ihren maßgeblichen Stempel aufgedrückt haben. Ebenfalls im Zentrum stehen einige der überragenden Meisterwerke der deutschen Literatur, von der frühen Versdichtung des Mittelalters bis zu Romanen der unmittelbaren Gegenwart. In diesem Zusammenhang werden auch besonders wirkungsmächtige Werke der Weltliteratur vorgestellt. Eingebettet zwischen den biografischen und werkebezogenen Darstellungen findet sich das Wichtigste zur Literaturgeschichte. Daneben informiert Johannes Balve über grundlegende Aspekte der Sprachentwicklung und -verteilung und zeigt, auf welch vielfältige Weise Sprache zu einem umfassenden und universellen Ausdrucksmittel für Kunst und Kultur geworden ist. Im Anhang findet der Leser praktische Hinweise: Leseempfehlungen des Autors von der Frühzeit der Weltliteratur bis in die Gegenwart. Daneben werden Schriftsysteme aus verschiedenen Kulturen und Zeiten dargestellt. Ein mit Kurzinfos versehenes Namenverzeichnis rundet den Band ab.

Olaf Benzinger
Germering, im Sommer 2006

Persönlichkeiten

Homer (8. Jahrhundert v. Chr.)

Wer kennt sie nicht, die großen Helden Achilles, Hektor und den listigen Irrfahrer Odysseus, wer hat nicht schon vom Trojanischen Pferd gehört, dessen subversive Idee heute in den Trojanern des Cyberspace fortlebt, wer kennt sie nicht, Helena, deren weltberühmte Schönheit Anlass für einen der größten Kriege des Altertums wurde?

Diese Figuren und die gesamte olympische Götterwelt, deren Bewohner auch heute noch unsere Antiken-Museen bevölkern, werden einem Dichter zugeschrieben, dessen Steckbrief sehr vage ist: Er lebte im 8. Jahrhundert v. Chr. im griechischen Kleinasien, vermutlich südlich des Gebietes, das einst der Schauplatz des Trojanischen Krieges gewesen war, in Smyrna in der heutigen Nordwest-Türkei oder auf der griechischen Insel Chios. Legenden schildern ihn als Mann, der erblindet sei, ein Wandersänger, der angeblich mit Fischern und Bauern verkehrte, aber auch eine genaue Kenntnis aristokratischer Lebensformen und Werte gehabt haben muss und demnach dem Adel nahe stand. Das überlieferte Porträt ist voller Widersprüche. Wir kennen nur seinen Namen: Homeros.

Die griechische Hochkultur von Mykene, Theben und Knossos war zu Homers Zeit schon lange zu Ende, auf den Ruinen der alten Paläste zeugten nur noch die Sänger mit ihren Vorträgen der alten Heldensagen vom Glanz und der Größe der Vergangenheit. Die Geschichten und die Göttermythen entstammen einer Zeit, in der von Generation zu Generation Sagen nicht nur weitererzählt, sondern auch weitergedichtet wurden. Homers große Epen, die ›Ilias‹ und die ›Odyssee‹, fußen auf dieser Sängertradition. In ihnen verdichten sich die überlieferten Stoffe und werden zum griechischen Kulturerbe.

Anders als wir heutigen Menschen, die sich die kosmische Geborgenheit nach der Vertreibung aus dem Paradies endgültig verscherzt zu haben scheinen, war der antike Mensch noch in der Lage, die verlorene Einheit unter einem Götterhimmel zu rekonstruieren. Homers Griechenland brauchte auch als wirtschaftlich langsam wieder aufstrebende Macht einen neuen Sinnhorizont, um kulturell in der Welt tonangebend zu werden. Lebendig gehalten wurden Homers Verse, indem sie von wandernden Rhapsoden überall rezitiert wurden. Homers Werk ist aber auch die erste schriftlich fixierte Dichtung und markiert damit den Beginn der

Homer, Porträtbüste, römische Kopie (1. Jh. n. Chr.) nach einem griechischen Original aus dem 4. Jh. v. Chr.

Übersetzungen: Johann Heinrich Voß (Göttingen 1793),
Hans Rupé (München 1948), Wolfgang Schadewalt (Frankfurt 1975),
Roland Hampe (1979).

Nacherzählungen von: Gustav Schwab 1838, Walter Jens 1973.

Einführende Literatur: Gustav Adolf Seeck: Homer. Eine Einführung.
Reclam 2004

abendländischen Literatur. Über Jahrhunderte haben sich die Gelehrten gestritten, ob es einer oder mehrere Dichter waren, die die ›Ilias‹ und die ›Odyssee‹ gedichtet haben.

Inzwischen geht man davon aus, dass der historische Homer wenigstens für die ›Ilias‹ als Autor zeichnet, wobei er vorhandene Stoffe weiterverarbeitet hat. Allerdings hatte diese »homerische Frage« für die Wirkung des Werkes auf die Nachwelt keine Bedeutung. Homers Dichtung hat die Form der Versdichtung und der Epik geprägt, seine Werke hatten einen nicht vorhersehbaren Einfluss auf die griechische Sprache, bildende Kunst, Philosophie und Literatur und haben zahlreiche Dichter, Schriftsteller und Geschichtsschreiber in ganz Europa inspiriert.

Aristoteles lobt Homer in seiner ›Poetik‹, der Tragödiendichter Aischylos sieht sich in Homers Nachfolge, Vergil machte in seinem Nationalepos ›Äneis‹ den überlebenden Trojer Äneas zur Gründerfigur des Römischen Reiches. In der italienischen Renaissance erfuhren Petrarca und Boccaccio von Homers Werk wichtige Anregungen, in Deutschland wurde Homer von den Sturm-und Drang-Dichtern (Seite 95) entdeckt. Herder und Goethe fanden hier das große Vorbild für die Ursprünglichkeit und Natürlichkeit der Dichtung.

Homer hat nicht nur Themen und Formen eines wichtigen Teils der alten und modernen Literatur bis hin zu Joyces ›Ulysses‹ geprägt, er hat auch die einzelnen Menschenschicksale so lebendig geschildert, dass wir uns noch heute kaum der Wirklichkeitsfülle seiner Epik entziehen können.

William Shakespeare (1564–1616)

William Shakespeare hat ein Werk hinterlassen, das Generationen von Dichtern inspiriert hat. In Deutschland begann die Shakespeare-Verehrung mit Lessing, Herder und Goethe. Heute werden Shakespeares Stücke auf den Bühnen überall in der Welt gespielt und immer wieder neu interpretiert. Verfilmungen seiner Werke und seines Lebens locken immer noch Zuschauer in Scharen vor die Kinoleinwände.

Doch lange Zeit umgab die Person des weltweit vielleicht berühmtesten Dramatikers geheimnisvolles Dunkel, Ungereimtheiten in den Überlieferungen führten zu teilweise wilden Spekulationen. Es wurde zeitweise sogar bezweifelt, ob Shakespeare überhaupt der Verfasser der berühmten Werke sei. Heute hat die Shakespeare-Forschung eine gesichertere Grundlage und geht von seiner alleinigen Autorschaft aus. Eine Ausnahme ist das Stück ›Heinrich VIII.‹, an dem ein Co-Autor (John Fletscher) mitgearbeitet hatte.

Von Shakespeare wissen wir, dass er 1564 als Sohn einer angesehenen Familie in Stratford-upon-Avon in den englischen Midlands geboren wurde. Shakespeare war eines von acht Kindern. Mit sieben Jahren kam er auf eine Lateinschule für wohlhabende Bürgersöhne. Es wird vermutet, dass er sich 1578 für ein Studium an einem Jesuitenkolleg (Collegium Anglicum) in Frankreich einschrieb. 1582 kehrte William Shakespeare nach Stratford zurück und heiratete die ältere Anne Hathaway, die ihm die Tochter Susanna und die Zwillinge Judith und Hamned gebar.

Um die Flucht des Familienvaters Shakespeare aus Stratford 1585 ranken sich Spekulationen wie um die darauf folgenden, nicht dokumentierten sieben »verlorenen Jahre«. Musste er als Wilderer fliehen oder schloss er sich einer umherziehenden Schauspieltruppe an? Neuere Forschungen legen nahe, dass er als Angehöriger einer katholischen Familie mit Beziehung zum Widerstand gegen die elisabethanische Katholikenverfolgung in den Untergrund flüchtete und mehrmals in Rom gewesen ist. ›Der Kaufmann von Venedig‹ (1598) und ›Romeo und Julia‹ (1595/96) zeugen von seiner Kenntnis Italiens. 1992 ist Shakespeares Aufenthalt in London nachweisbar. Er schrieb seine ersten Dramen und wohnte zu billiger Miete in einem verrufenen Vergnügungviertel, in dem die Schauspieler der Theatertruppe »Chamberlain's Men« wohnten, zu denen bald auch er gehören sollte. Einmal im Jahr besuchte er seine Familie in Stratford.

Shakespeare war nur einer unter vielen Theaterautoren, unter denen auch Christopher Marlowe herausragte. Insgesamt dürften mehr als tausend Stücke in Shakespeares Zeit für die Bühne verfasst worden sein. Man bediente sich der Balladenform und griff auf lateinische und griechische Traditionen zurück. Shakespeare verstand es aber, die üblichen Stoffe so originell zu verarbeiten, dass alle sozialen Schichten des bunt zusammengesetzten Publikums sich angesprochen fühlten. Schon mit der Aufführung seines ersten erfolgreichen Dramas ›Heinrich VI.‹ wirbelte er die Londoner Theaterwelt durcheinander. Nach dem großen Erfolg des ›Titus Andronicus‹ trat Shakespeare mit dem berühmten Schauspieler Burbage an die Spitze der »Chamberlain's Men«.

Ein Förderer Shakespeares war auch der junge Graf von Southampton, dessen künftige Frau Elizabeth Vernon pikanterweise Shakespeares große Liebe gewesen war. Die wahrscheinlich aus dieser Liaison hervorgegangene Penelope (*1598) kam in einem elisabethanischen Gefängnis zur Welt. Auch der Graf wurde als politischer Gegner von Elisabeth I. in den Tower geworfen.

In Shakespeares Historiendramen (›Richard III.‹, 1592/93; ›Heinrich IV.‹, 1596) und Tragödien (›Hamlet‹, 1600/01; ›Othello‹, 1603/04; ›König Lear‹, 1605/06; ›Macbeth‹, 1605/06) gab es zahlreiche Bezüge zum Zeitgeschehen. Es gab Grausamkeiten, intrigante Machtkämpfe im Alltag wie in der hohen Politik – in London wurde gefoltert, gehängt und geviertelt. Elisabeth I., die die Ausrottung des Katholizismus in ihrem Land betrieb, ließ die schotti-

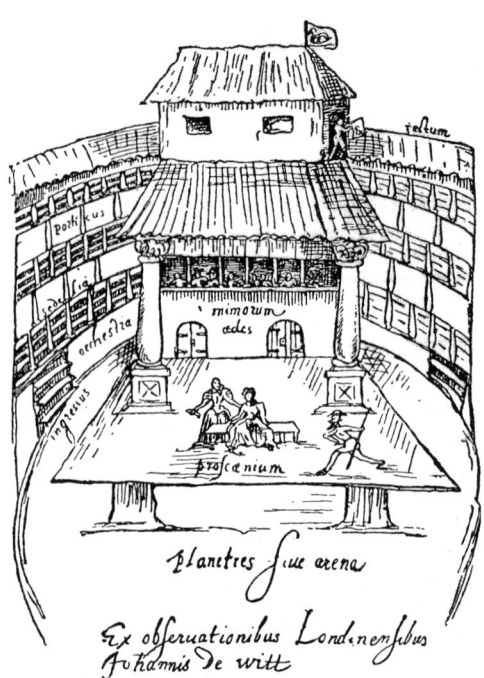

Abbildung eines zeitgenössischen Theaters.

sche Exil-Königin Maria Stuart und den mächtigen katholischen Grafen Essex hinrichten. Während des Krieges mit Spanien herrschte ein Klima der Intoleranz, dem auch Juden ausgeliefert waren, direkte Anspielungen konnten gefährlich werden. Außerdem gab es eine strenge Zensur und sogar öffentliche Bücherverbrennungen. Daher verlegte Shakespeare einige Dramen in die ferne Vergangenheit (›Julius Cäsar‹, 1599; ›Antonius und Cleopatra‹, 1606/7) oder in fantastische Welten (›Ein Sommernachtstraum‹, 1598; ›Der Sturm‹, 1611/12).

Die enorme Wirkung der Dramen Shakespeares jenseits von Politik und Zeitgeschehen kommt aber daher, dass sie die engen Gattungsregeln jener Zeit sprengen und abseits von einfachen Gut-

In unmittelbarerer Nähe zu anderen Theatern wie dem auf der gegenüber-
liegenden Seite gezeigten stand Shakespeares »Globe« in London an der
Themse. Die Holzbauten waren rund und hoch. Die Ränge befanden sich
an den steil aufragenden Wänden. Trotz des enormen Fassungsvermö-
gens von 2000 Besuchern herrschte eine fast intime Atmosphäre, daher
konnte das Publikum direkt angesprochen und in das Geschehen einbezogen werden. Das »Globe« wurde wie die anderen Theater wegen Unruhen
und der Pest mehrmals geschlossen.

und-Böse-Schemata die Grundprobleme des menschlichen Daseins erfassen. Shakespeare war schon zu Lebzeiten ein Mythos, in
vielen Studentenzimmern im berühmten Cambridge hing sein Porträt. Nachdem er auch reich geworden war, erwarb er 1602 einen
großen Landbesitz in Stratford.

Nach der Thronbesteigung des schottischen Königs Jacob I.
trat Shakespeares Truppe mehrmals bei Hofe auf, mit den Brüdern
Burbage pachtete er das Blackfriars Theatre. 1613 zog sich Shakespeare auf seinen Familiensitz in Stratford zurück, wo er drei Jahre
später starb. Er erlebte nicht mehr die Auslöschung der Londoner
Theaterkultur durch die Anhänger Oliver Cromwells: Shakespeares
Theater »The Globe« wurde 1644 von puritanischen Fanatikern
dem Erdboden gleichgemacht.

Gotthold Ephraim Lessing (1729–1781)

Lessing ist der bedeutendste Vertreter der deutschen Aufklärung
(Seite 92). Er war auch einer der ersten »freien« Schriftsteller, zeit
seines Lebens hatte er versucht, auf fürstliche Mäzene zu verzich-
ten, um Abhängigkeiten zu vermeiden. Er studierte 1746–1748 in
der Kulturmetropole Leipzig an jener berühmten Universität, an

der die großen Aufklärer Thomasius, Wolff und Gottsched lehrten. Eigentlich sollte Lessing sich der Theologie widmen, wurde aber von der großstädtischen Welt mit ihren Theatern und Literaturzirkeln zum Schreiben von Lustspielen verleitet – zunächst noch im Banne Gottscheds, der mit seinem ›Versuch einer Critischen Dichtkunst‹ die Literaturformen der Zeit maßgeblich beeinflusste. Bald schon emanzipierte sich Lessing, wurde Redakteur bei einer Berliner Zeitung und machte sich einen Namen als Literaturkritiker. 1750 gab er eine Theaterzeitschrift heraus, in der er zu aktuellen Entwicklungen in der Dramentheorie Stellung nahm, gleichzeitig schrieb er selbst Dramen.

1755 erschien das bürgerliche Trauerspiel ›Miss Sara Sampson‹. Neu in der damaligen Zeit war, dass das Personal dieses Dramas nicht Adlige, sondern gebildete Bürger waren, und dass die Personen mit all ihren Leidenschaften in ihren privaten Konflikten geschildert werden. Der Mensch wird unabhängig von seinem Stand als empfindsames und sittlich handelndes Wesen zum Helden dieser neuen Tragödienform. Auch im darauf folgenden Lustspiel ›Minna von Barnhelm oder das Soldatenglück‹ (1767) setzt sich die Vernunft des Herzens jenseits aller Standesgrenzen durch. In dieser Aufklärungskomödie verbindet sich Komödiantisches mit Lehrhaftem: Das Festhalten am Ehrbegriff wird durch die Liebe überwunden. Anregungen für die Figur des Majors von Tellheim hat Lessing aus Offizierskreisen in Breslau im letzten Jahr des Siebenjährigen Krieges (1763) erhalten.

Nachdem er seine bis dahin einzige feste Stellung beim Breslauer Stadtkommandanten aufgegeben hatte, war er froh, 1767 an das soeben gegründete Deutsche Nationaltheater in Hamburg berufen zu werden, doch nach zwei Jahren war sein Traum von einem neuen Theater, das in seinem Sinne die bürgerliche Dramatik entfalten und durch Mitleid reinigende Funktion ausüben sollte, gescheitert.

Erhalten blieb seine ›Hamburgische Dramaturgie‹ (1767), die für die Erneuerung des Theaters bedeutsam wurde. Ein weiteres bürgerliches Trauerspiel – das Paradestück zu seiner Dramentheorie – schrieb Lessing 1772 mit dem Titel ›Emilia Galotti‹. In dem tragischen Rührstück, in dem die Unschuldigen sterben, geht es vor allem um den moralischen Gegensatz zwischen der rücksichtslosen Macht des Hofes und den Tugenden des privaten Lebens. Emilias freie Entscheidung, in den Tod zu gehen, um ihre Ehre zu retten, muss auch Goethe beeindruckt haben, der Werther mit der aufgeschlagenen ›Emilia Galotti‹ sterben lässt.

In ›Nathan der Weise‹ (1779) schuf Lessing ein zeitloses Lehrstück. Das Drama weckt die Vision einer aufgeklärten Weltfamilie jenseits von Stand und Religionszugehörigkeit. Die Thematik der »Toleranz zwischen den Religionen« geht auf einen Theologenstreit zurück, in den sich Lessing eingemischt hatte. In der Ringparabel des ›Nathan‹ wird die Gleichwertigkeit aller Religionen der Schlüssel zu einem toleranten Umgang miteinander: Die ursprünglich verfeindeten Parteien der Kreuzritter, Moslems und Juden versöhnen sich in dem Stück, nachdem sich herausstellt, dass ihre Vertreter auf der Bühne alle zur selben Familie gehören.

Lessing hatte sich durch sein streitbares öffentliches Auftreten nicht nur Freunde gemacht. Daher verabschiedete er sich resigniert vom Beruf des freien Schriftstellers und begab sich 1770 in die Dienste des Herzogs von Braunschweig, dessen berühmte Bibliothek in Wolfenbüttel er leitete.

Johann Wolfgang Goethe (1749–1832)

Johann Wolfgang Goethe (später geadelt »von Goethe«) ist eine weit über Deutschlands Grenzen hinaus anerkannte Geistesgröße. Sein Leben und dichterisches Wirken hat Wesentliches zur Entwicklung auf vielen Feldern der deutschen Kultur und Sprache beigetragen.

Er stammte aus einer angesehenen Patrizierfamilie in Frankfurt am Main. Während seines Jura-Studiums in Straßburg gründete er mit Johann Gottfried Herder 1770 die literarische Bewegung des »Sturm und Drang« (Seite 95), zu dessen Flaggschiff der ›Götz von Berlichingen‹ (1773) wurde. Zu dieser Zeit verfasste er auch erste Erlebnislyrik und sammelte elsässische Volkslieder.

Auf Wunsch seines Vaters wurde er nach seinem Studium 1772 zunächst Advokat in Frankfurt und absolvierte danach ein Praktikum am Reichskammergericht in Wetzlar. Dort verliebte er sich unglücklich in Charlotte Buff. Sie war der Auslöser für ›Die Leiden des jungen Werther‹, einem sensationellen Publikumserfolg. Begeisterung löste im Lesepublikum vor allem das »ozeanische Weltgefühl« in Werthers Naturbeschreibungen aus. Neben einer Werthermode (gelbe Weste, gelbe Hose, blauer Rock) gab es eine fatale Serie von nachgeahmten Selbstmorden. Nach seiner vorzeitigen Rückkehr nach Frankfurt widmete sich Goethe ausschließlich dem Dichten.

Ein folgenreiches Ereignis war der Besuch des jungen Erbprinzen Karl-August von Sachsen-Weimar. Er und seine Mutter, die Herzogin Anna Amalia, schätzten Goethe und holten ihn schließlich als Berater an den Fürstenhof. In dem überschaubaren Provinzfürstentum sah Goethe bald seine Chance: Die hoch gesteckten kulturpolitischen Ziele des jungen Herzogs und seiner Mutter weckten bei ihm die Vision einer Kulturmetropole. Doch zunächst war Goethe von ministeriellen Verwaltungsaufgaben in Beschlag genommen, er war für so kulturferne Bereiche wie Bergwerk, Militär, Wegebau und Finanzen zuständig.

Gleichzeitig baute er ein Theater auf, für das er auch die Stücke schrieb. In der frühen Fassung des Dramas ›Iphigenie auf Tauris‹ spielten er und der Herzog selbst die Hauptrollen. Der Sieg der Humanität im Stück kann als Appell an die Tugenden des »guten Herrschers« interpretiert werden. Zahlreiche bedeutende Gedichte entstanden, darunter ›Wandrers Nachtlied‹, der ›Erlkönig‹ und der ›Fischer‹.

Johann Wolfgang Goethe, Kreidezeichnung von Ferdinand Jagemann, 1817.

Eine unerfüllte Liebe zu Frau von Stein und sein durch Verwaltungsaufgaben behinderter dichterischer Schaffensdrang waren wahrscheinlich die Auslöser für die spontane »Flucht« nach Italien im Jahr 1786. Goethe erlebte die Reise als Wiedergeburt zu einer neuen dichterischen Existenz, die sich an antiken Formen orientierte. Mit dem Freund Karl Philipp Moritz war er sich einig: Die überpersönliche, zeitlose Kunst, das Schöne, dürfe sich nicht dem Nützlichen unterwerfen.

Goethe vollendete in Italien die ›Iphigenie‹, deren griechisch-mythologische Vorlage auf Euripides zurückgeht. Im Seelendrama ›Torquato Tasso‹, das Goethe nach seiner Rückkehr am Weimarer Hof verfasste, behandelte er sein eigenes Thema, den Konflikt zwischen freiem dichterischen Schaffen und den Zwängen höfischer

Zum Nachlesen

Kaum zu glauben, aber Goethes Werke wurden in einzelnen Fällen von seinen Zeitgenossen auch sehr kritisch beurteilt.

Der Aufklärer Friedrich Nicolai parodierte den ›Werther‹, als er gerade erschienen war. In den ›Freuden des jungen Werthers‹ heißt es: »Der Henker hol'n Buch, die ›Leiden des jungen Werthers‹ ... jede Ader schwillt dir, und 's Gehirn funkelt dir ... wer's geschrieben hat, kann sich ruhig auf's Haupt legen, und fürchten nicht, daß über hundert Jahr 'n belesener Tölpel davon schwatze.« (1775)

Friedrich der Große äußerte sich despektierlich auf Französisch über Goethes ›Götz von Berlichingen‹: Das Stück sei eine abscheuliche Imitation schlechter englischer Vorbilder (Shakespeare). Er entrüstet sich, dass das Publikum zu diesen geschmacklosen Plattitüden auch noch applaudiere.

Konvention. Die ›Römischen Elegien‹ (ursprünglich ›Erotica Romana‹), in denen er seinen amourösen italienischen Erlebnissen ein Denkmal setzte, lösten in Weimar einen Gesellschaftsskandal aus, der sich noch ausweitete, als Goethe beschloss, mit der Arbeiterin Christiane Vulpius unehelich zusammenzuleben. Seine ministeriellen Aufgaben und Aktivitäten hatten sich inzwischen in den Kulturbereich verlagert.

Wichtige Anregungen für seine Überlegungen zur Natur- und Menschheitsgeschichte erhielt er von Herder, dem auf seine Empfehlung ernannten Generalsuperintendenten. Goethe suchte die vielfältigen Erscheinungen der Natur auf ein allgemeines Prinzip zurückzuführen. Übertragen auf die Kunst- und Gesellschaftsvorstellungen bedeutet dies, dass jedes Einzelne als Teil eines Ganzen betrachtet wird und den Keim zur Vervollkommnung schon in sich trägt. In diesem Sinne versteht Goethe auch Bildung als Entwicklung – ein Leitmotiv des Romans ›Wilhelm Meisters Lehrjahre‹ (beendet 1795/96).

Die Bekanntschaft Schillers im Jahr 1797 markierte in Goethes Leben einen neuen Abschnitt. Als Freunde bildeten sie eine Arbeitsgemeinschaft, dichteten, diskutierten ihre Werke und veröffentlichten sie. Weimar war weitab von den Revolutionskriegen zu einem geistigen Zentrum literarischer und philosophischer Veröffentlichungen und zu einer Hochburg des Theaters und der Literatur- und Kunstkritik geworden, in der Goethe und Schiller nunmehr als »Literaturpäpste« herrschten. In ihren ›Xenien‹ verrissen sie die literarischen Produktionen ihrer Zeitgenossen.

Schiller inspirierte Goethe schließlich 1797, sein »Faust«-Projekt wiederaufzunehmen, das ihn sein Leben lang beschäftigen sollte. Nach Schillers Tod 1805 begann sich Goethe wie seine jungen romantischen Zeitgenossen für die mittelalterliche Literatur zu interessieren. Die neue Herausforderung bestand nun darin, Klassik und Romantik zum Ausgleich zu bringen.

Ein Jahr nach Schillers Tod, 1806, wurde Weimar von Franzosen besetzt, zwei Jahre später kam es zu denkwürdigen Besuchen Napoleons, der in dem gealterten Goethe den Verfasser des ›Werthers‹ verehrte. Goethe hatte sich selbst überlebt und war schon »historisch« geworden. Mit einem neuen Typ der Autobiografie ›Dichtung und Wahrheit‹ (1831) und seinen Erfahrungsberichten der ›Italienischen Reise‹ machte er sich nun selbst zum Gegenstand der Literatur.

Seine Entwicklung war aber nicht abgeschlossen. Er suchte neue lyrische Ausdrucksformen in dem Gedichtzyklus ›Westöstlicher Divan‹, einer Verknüpfung von Gedichten im Stil der orientalischen Liebeslyrik, mit der er die Literaturwelt noch einmal überraschte. Mit der »Novelle« führte er exemplarisch ein neues Gattungsmodell ein.

Er schrieb einen Gesellschaftsroman, ›Die Wahlverwandtschaften‹ (1809), der sich mit den problematisch gewordenen Geschlechterbeziehungen befasst und zeitgenössische Leser wegen angeblicher Sittenlosigkeit empörte. Neue Romanstile erprobte Goethe auch in ›Wilhelm Meisters Wanderjahre‹ (1821), außerdem begann er Aphorismen zu schreiben (›Maximen und Reflexionen‹, erschienen 1833).

Schließlich beflügelte den 74-Jährigen noch die Altersliebe zur blutjungen Ulrike von Levetzow zu den ›Marienbader Elegien‹. Goethe überlebte fast alle seine Zeitgenossen, auch seine Frau Christiane und seinen Sohn August.

Friedrich Schiller (1759–1805)

Friedrich Schiller (später geadelt »von Schiller«) gilt bis heute als der klassische Dichter und Denker, der die deutsche Kultur und Sprache nachhaltig mit geprägt hat. Er wuchs im württembergischen Marbach in ärmlichen Verhältnissen auf. Im strengen Umfeld einer Militärhochschule studierte er zunächst Jura, dann Medizin, ab 1780 arbeitete er als Regimentsarzt in Stuttgart unter totaler Abschirmung von der Außenwelt. Während seiner Studien hatte er Shakespeares Werke und die neuen Dramen des Sturm und Drang gelesen, die ihn zur Arbeit an seinem Drama ›Die Räuber‹ inspirierten. Die Uraufführung 1782 war ein sensationeller Erfolg.

Prompt folgten Schikanen: Wegen seiner Abwesenheit wurde Schiller mit Arrest bestraft, der württembergische Herzog Carl Eugen fühlte sich offenbar von den gesellschaftskritischen Elementen des Stückes angegriffen und erlegte Schiller auch noch ein Schreibverbot auf. Noch im selben Jahr flüchtete dieser auf Umwegen nach Mannheim – unter falschem Namen, denn der Herzog hatte ihn zum Deserteur erklärt.

Schiller musste für die Aufführung seiner Stücke »Klinken putzen«, bis ihm als mäßig bezahltem Theaterdichter in Mannheim die Aufführungen des ›Fiesco von Genua‹ und ›Kabale und Liebe‹ (ursprünglich ›Luise Millerin‹) gelangen. Trotz seiner Berühmtheit war er lange Zeit ohne nennenswerte Einkünfte und Perspektiven, deshalb traf ihn die Entlassung vom Mannheimer Theater besonders hart.

Friedrich Schiller, Gemälde von Weckherlin.

Seine Arbeit am ›Don Carlos‹ konnte er dank des Freundes Christian Gottfried Körner 1785 in Leipzig und Dresden fortsetzen. Die Lesung dieses Stückes, mit dem er sich 1787 in Goethes Weimarer Gelehrtenrepublik einführen wollte, kam beim Publikum aber nicht an.

Zustimmung fand am Hof – insbesondere bei Herder – hingegen seine historische Arbeit über die ›Geschichte des Abfalls der Vereinigten Niederlande‹. Sie brachte ihm 1789 einen Ruf als Professor für Geschichte an die junge Universität Jena ein, wenn auch zunächst ohne Besoldung. Nach seiner Heirat mit Charlotte von Lengefeld 1790 suchte er sich durch Publikationen ein Zubrot zu

Kaum ein Dichter hat so stark auf die deutsche Sprache eingewirkt wie Schiller. Viele auch heute noch gebrauchte Zitate und Redewendungen stammen aus seinen Dramen, wie bspw.:
»Und so sind sie alle, einer wie der andere«, »Daran erkenn ich meine Pappenheimer« (beide ›Wallensteins Tod‹), »Der Starke ist am mächtigsten allein«, »Und neues Leben blüht aus den Ruinen« (beide ›Wilhelm Tell‹), »Blendwerk der Hölle« (›Die Braut von Messina‹), »Es kann der Frömmste nicht in Frieden leben, wenn es dem bösen Nachbarn nicht gefällt« (›Wilhelm Tell‹).

verdienen. Anhaltende Überarbeitung führte zur ersten schweren Erkrankung mit häufigen Rückfällen.

Ein Stipendium gab ihm Gelegenheit, sich intensiv mit Immanuel Kants Philosophie auseinander zu setzen. Mit Literaturrezensionen machte Schiller sich in dieser Zeit ebenso einen Namen wie mit theoretischen Texten (›Über die ästhetische Erziehung des Menschen‹, 1795). Als sich der klassisch gewandelte Goethe, der von Schillers frühem ›Räuber‹-Stück nicht viel hielt, für die Mitarbeit an Schillers Zeitschrift ›Die Horen‹ (1794) gewinnen ließ, begann die berühmte Dichterfreundschaft. Mit seinen ästhetischen und geschichtsphilosophischen Untersuchungen prägte Schiller die klassische Kunsttheorie Weimars, die noch lange Zeit nachwirken sollte.

Nun begann auch die literarische Produktion der beiden »Dichterfürsten« zu sprudeln. Schiller gab den ›Musenalmanach‹ heraus, schrieb Balladen (die ›Glocke‹) und verfasste philosophische Gedankenlyrik. Goethe gegenüber charakterisierte er sich als eine »Zwitter-Art« zwischen Dichter und Philosoph. Als »sentimentalischer« Dichter sehnte er sich nach einer vollkommeneren Menschheitsepoche, der Antike, zurück. Aus dem Gefühl dieses Verlustes suchte er in der Dichtung das Ideal wiederherzustellen. Die Bühne eignet sich für diesen Zweck, weil »der Mensch nur da Mensch ist, wo er spielt«.

Obwohl Schiller gesundheitlich geschwächt war, schrieb er Dramen wie am Fließband: Die ›Wallenstein‹-Trilogie (1800) ging auf Schillers historische Untersuchungen zum 30-jährigen Krieg zurück und machte den schicksalhaften Untergang des mythischen Feldherrn zum Gegenstand.

Schiller hatte aber auch eine Vorliebe für tragische Heldinnen: Maria Stuart, die schöne schottische Königin, wird von der englischen Königin Elisabeth zum Tode verurteilt, triumphiert aber moralisch. Ähnlich ergeht es der Jungfrau von Orleans, die im französischen Heer gegen die Engländer fällt, nachdem sie sich frei für ihren göttlichen Auftrag entschieden hat. In ›Wilhelm Tell‹ (1804) wird Tyrannenmord im republikanischen Freiheitskampf thematisiert. Die Familientragödie in ›Braut von Messina‹ modernisiert antike Theaterelemente, indem sie Chöre das Geschehen kommentieren lässt.

1805 starb Schiller, er hatte sich buchstäblich totgearbeitet. Bei der Obduktion seines Körpers fand der Leibarzt des Herzogs kein gesundes Organ mehr und kommentierte: »Bei diesen Umständen muss man sich wundern, wie der arme Mann so lange hat leben können.«

Die Brüder Jacob (1785–1863) und Wilhelm (1786–1859) Grimm

Sie scheinen uns ihrer Zeit enthoben, die Brüder Jacob und Wilhelm Grimm, denn ihre Märchensammlung steht auch heute noch in jedem Kinderzimmer.

Sie wuchsen im hessischen Hanau auf. Mit dem Tod des Vaters, eines verbeamteten Juristen, verlor die neunköpfige Familie schon bald ihre sichere Existenzgrundlage. Jacob und Wilhelm wurden daraufhin von der Tante in Kassel versorgt.

1802/1803 begannen die Brüder mit dem Jurastudium in Marburg. Der berühmte junge Rechtsgelehrte Friedrich Carl von Savigny war ihr Lieblingsdozent, er gehörte zu dem Freundeskreis der Romantiker Brentano und Arnim, in den die Grimms auch bald aufgenommen wurden. Die Brüder lasen neben ihrem Jurastudium mit großer Begeisterung mittelalterliche Minnelieder und begannen Sagen, Märchen und Volkslieder zu sammeln. Nach einem Pariser Studienaufenthalt fand Jacob einen vorläufigen Brotberuf in Staatsdiensten, der ihm auch noch Zeit für das Studium der Literatur und Dichtkunst des Mittelalters ließ, indessen beendete Wilhelm sein juristisches Studium.

Doch schon bald griffen die politischen Geschehnisse in Jacobs Leben ein: Napoleons Armee besetzte Kassel. Glücklicherweise fand Jacob, nach dem Tod der Mutter nun Familienoberhaupt der nicht versorgten Geschwister, eine neue Stelle als Leiter der Privatbibliothek des neuen Königs von Westfalen. Wilhelm reiste u. a. nach Weimar, wo er Goethe traf. Der alte Herr schätzte die mittelalterlichen Studien der beiden Brüder und schickte ihnen Literatur nach Kassel. Nach der Völkerschlacht bei Leipzig 1813 kehrte der hessische Kurfürst zurück, und der Glücksfall wollte es, dass die Brüder beide in der kurfürstlichen Bibliothek eine Anstellung fanden. Sie arbeiteten von nun an zusammen: Jacob, der zupackende Forscher, der Sprachwissenschaftler, und Wilhelm, der eher musische Geist, der Literaturwissenschaftler.

Die äußerst belesenen Brüder hatten eine umfassende Kenntnis der europäischen Dichtung. Sie betätigten sich vor allem als Forscher, Übersetzer und Herausgeber alter Heldenlieder, Balladen und Märchen. Unter anderem veröffentlichten sie die altnordischen Lieder der ›Edda‹ und das älteste deutsche Gedicht, das ›Hildebrandlied‹. Bekannt ist auch die Ausgabe der altfranzösischen Fabeln von ›Reineke Fuchs‹.

Ausgerechnet eine »angenehme Nebenarbeit«, ihre Märchensammlung, sollte ihnen allerdings zum Durchbruch verhelfen. Sie waren viel herumgewandert und hatten sich Märchen erzählen las-

sen, die sie möglichst originalgetreu wiedergeben wollten.
Eine Märchenerzählerin,
Frau Wild in Kassel, wurde
schließlich auch Wilhelms
Schwiegermutter, er heiratete
ihre Tochter »Dortchen«.
1812 gaben die Brüder
Grimm den ersten und 1815
den zweiten Band der ›Kin-
der- und Hausmärchen‹ heraus.

Grimms ›Kinder- und Hausmärchen‹ erschienen 1812 und 1815 und wurden
1825 von dem Malerbruder Ludwig
Emil Grimm illustriert.

***

Eignen sich Märchen überhaupt für Kinder, fragten besorgt Grimms Zeitgenossen. Jacob Grimm entkräftet die Beden-
ken: »Was wir an offenbarten und tradi-
tionellen Lehren besitzen, das ertragen
Alte wie Junge.«

Weniger bekannt wurden die Brüder Grimm als Sammler von
Sagen, die sie beim Durchstöbern von Bibliotheken und Hand-
schriftensammlungen entdeckten, zusammenstellten und veröffentlichten (1816/1818). Ihr ganzes Leben lang haben sie eine Hausge-
meinschaft gebildet, zunächst eine »halbstudentische« (Wilhelm
Grimm), nach Wilhelms Heirat mit Dorothea Wild eine geordnete,
die mit ihren Kindern lebendig werden sollte.

Die Brüder waren keine verstaubten Gelehrten oder Stuben-
hocker, sondern gingen oft hinaus in die Natur und pflegten Kontakte zum romantischen Freundeskreis. Nachdem sich ihre
Arbeitsbedingungen unter dem neuen hessischen Kurfürsten verschlechtert hatten, folgten sie einem Ruf an die Bibliothek und Universität Göttingen. Jacob Grimm war vor allem durch die Heraus-

Die deutsche Grammatik 1819 und 1822

Sie ist das Resultat von Jacob Grimms gründlicher Sprachforschung und
auch noch heute verbindlich. Eine Entdeckung, die Jacob Grimm bei seinen sprachhistorischen Untersuchungen machte, waren die Gesetze der
germanischen und hochdeutschen Lautverschiebungen, später auch
»Grimms Gesetz« genannt.

Jacob (stehend) und Wilhelm Grimm, Daguerreotypie um 1850.

gabe der ersten vollständigen deutschen Grammatik bekannt geworden (1819 und 1822). An der berühmten Universität las er über so unterschiedliche Gebiete wie deutsche Rechtsaltertümer, grammatische Probleme, Literaturgeschichte und Urkundenlehre. Sein Bruder Wilhelm wurde ebenfalls bald vom Bibliothekar zum Professor befördert und hielt Vorlesungen über mittelalterliche Dichtungen (Nibelungenlied, Gudrunlied, Spruchdichtungen). Jacob forschte weiter an der deutschen Grammatik, die nun schon mehrere tausend Seiten umfasste, Wilhelm gab unbekannte mittelalterliche Texte heraus und entwickelte die neue Methode des textkritischen Kommentars.

Nach dem Machtwechsel im Hannover'schen Königshaus hob Ernst August II. im Handstreich die Verfassung auf, die den Ständen mehr Rechte garantiert hatte. Zusammen mit anderen Professoren wurden die Brüder Grimm als die »Göttinger Sieben« bekannt, die dagegen protestierten. Jacob fühlte sich an seinen Eid auf die Verfassung gebunden und nahm dafür sogar das Exil in Kauf. Der Mut der Brüder und der anderen Göttinger Professoren, die es wagten, einem feudalen Landesherrn die Stirn zu bieten, sprach sich schnell herum.

Nachdem Jacob nach Kassel zurückgekehrt war, folgte ihm bald sein Bruder, beide zogen 1837 zu ihrem Malerbruder Ludwig Emil. Als Privatgelehrte gaben sie weiterhin zahlreiche Werke heraus und konnten ihren Lebensunterhalt durch einen Verlagsvertrag sichern, der sie zur Herausgabe eines deutschen Wörterbuchs verpflichtete. Als sie annahmen, ahnten sie noch nicht, dass sie dieses Mammutprojekt bis ans Ende ihres Lebens und nach ihnen noch Generationen von Germanisten beschäftigen würde.

Mit dem Thronwechsel in Preußen erhielten sie den lang ersehnten Ruf nach Berlin, der ihre finanziellen Sorgen dauerhaft beseitigte. Ihre Hauptarbeit widmeten sie dort dem Wörterbuch, dem bald hundert Mitarbeiter zuarbeiteten. Als Mitglied der Akademie der Wissenschaften hielt Jacob Vorträge und las mit seinem Bruder an der Universität.

Seine Teilnahme als Abgeordneter an der Frankfurter Nationalversammlung nach der 1848er Revolution wurde nur zu einem kurzen Abstecher in die Politik. Seine eigentliche Aufgabe sah er in seinem wissenschaftlichen und herausgeberischen Lebenswerk. Als sein Bruder Wilhelm nach immer wiederkehrenden Krankheiten 1859 starb, stürzte er sich verzweifelt in immer noch mehr Arbeit und schaffte es, den dritten Band des Wörterbuchs herauszugeben. Bei dieser Arbeit starb er, nachdem er den Artikel zu dem Wort »Frucht« geschrieben hatte, im Jahr 1863.

Heinrich Heine (1797–1856)

Geboren als Jude mit dem Namen Harry, erzogen von Jesuiten, konvertiert zum Protestantismus als Heinrich, war Heine deutscher Patriot und zugleich schärfster Deutschlandkritiker – im Denken und Empfinden der Franzose Henri, literarisch aber durch und durch Deutscher. Auf jeden Fall war er ein unbequemer Geist und ein genialer Satiriker, der nicht nur unter seinen Zeitgenossen für Unruhe sorgte. Zwanzig Jahre hat man sich in Düsseldorf gestritten, bis die dortige Universität 1988 endlich seinen Namen erhielt.

Als Sohn eines Kaufmanns in Düsseldorf aufgewachsen, machte er eine Kaufmannslehre bei seinem wohlhabenden Onkel Salomon in Hamburg. Nach einer Episode als Geschäftsinhaber, die mit einer Pleite endete, beschloss er, Jura zu studieren. Der Onkel gewährte ihm für seine Studienjahre (1819–1825) und auch danach finanzielle Unterstützung. Heines Neigungen waren aber dichterischer und philosophischer Natur. In Bonn hörte er Literatur-Vorlesungen bei dem Romantiker August Wilhelm Schlegel, in Berlin studierte er bei Georg Wilhelm Friedrich Hegel. Dort lernte er vor allem im Romantikerkreis um Rahel Varnhagen die geistige Elite kennen. Heine war schon durch Rezensionen und Veröffentlichungen bekannt und gab bereits 1822 seinen ersten Gedichtband heraus. Er scheute sich auch nicht, dem großen Goethe in Weimar einen Besuch abzustatten.

Obwohl Heine sein Jura-Studium abschloss und promovierte, resultierte daraus keine berufliche Laufbahn. Als Vollblutschriftsteller gab es für ihn nur den Weg des freien Autors. Sein erster, vielleicht auch größter literarischer Erfolg war das ›Buch der Lieder‹ (1827). Vor allem das Loreley-Gedicht, das auf eine alte Sage zurückgeht, die auch schon den Romantiker Clemens Brentano zu einer ›Lureley‹ inspiriert hatte, schallt noch heute, von melancholischen Männerchören gesungen, aus den Lautsprechern touristischer Rheindampfer. Die frühe Lyrik der ›Jungen Leiden‹ sind Liebesgedichte im Stil der Romantik. In ihnen hatte er die Enttäuschung über die unerwiderte Liebe seiner Hamburger Kusine Amalie verarbeitet. In den weiteren Zyklen des Gedichtbandes findet Heine zu seinem eigenen Stil. Friedrich Hebbel karikierte den Freund als Komödianten, »der erst den Kopf und dann den Hintern zeigt«. Die kalte Dusche, mit denen seine Gedichte enden, machen die Distanz zum verlorenen Paradies bewusst, dem Heines Sehnen galt.

Heine war Volkslieddichter und Minnesänger, doch weder die Welt der Romantik noch die der Klassik konnten ihm eine dichterische Heimat bieten. Als hypersensibler Zeitgenosse konnte er auch nicht die Fehlentwicklungen in der deutschen Gesellschaft ertragen. Seine dichterischen Waffen waren die Ironie, der Humor und sein von den Zeitgenossen panisch gefürchteter, vernichtender Witz. So hat er in seine Reisebeschreibungen (›Reisebilder‹, 1826 bis 1831) neben Gedichten und Reflexionen auch satirische Kommentare eingeschoben. Schließlich entdeckte er (1831) Paris als die Stadt, die ihn vom Muff der deutschen Restauration befreite (Seite 109). Die Julirevolution 1830 hatte in Frankreich ein brodelndes gesellschaftliches Klima geschaffen, das von allen fortschrittlichen deutschen Geistern aufmerksam zur Kenntnis genommen wurde.

Heine betätigte sich in Paris als politischer Publizist und verfolgte kritisch-sympathisierend die Opposition in Deutschland, er verkehrte mit den sozialistischen Saint-Simonisten, traf Karl Marx, Friedrich Engels und Ferdinand Lassalle. Vor allem aber begegnete ihm nach zahlreichen Liebschaften die junge Pariserin Augustine Crescence Mira, die von ihm umbenannt in »Mathilde« seine Lebensgefährtin und Ehefrau werden sollte. Heine nutzte die Bedeutsamkeit dieser Weltstadt, indem er über die »französischen Zustände« als Korrespondent einer deutschen Zeitung berichtete. In umgekehrter Richtung trug er Wissenswertes über Deutschland (»etat actuel de la littérature en Allemagne«, »de l'Allemagne«) für

Heines Grab auf dem Friedhof Montmartre in Paris.

ein französisches Publikum zusammen. Er machte die Bekanntschaft der großen französischen Schriftsteller Balzac, Gautier, Hugo und der Komponisten Liszt, Berlioz, Rossini, und er hatte Kontakte zum Geld- und Hochadel.

Das Geschäft mit dem Journalismus war nicht leicht, es gab deutsche Konkurrenz – vor allem Ludwig Börne. Die Rivalität der beiden ging bis hin zu gegenseitigen öffentlichen Diffamierungen. Mit dem 1835 verhängten Verbot der Schriften des Jungen Deutschland, zu dem auch Heine gerechnet wurde, wurden seine Publikationsmöglichkeiten in Deutschland stark eingeschränkt. Zwei Mal reiste er nach Deutschland, um die Veröffentlichung seiner Schriften voranzubringen, obwohl bei der zweiten Reise (1844) ein preußischer Haftbefehl gegen ihn vorlag.

›Deutschland ein Wintermärchen‹ wurde in dieser Zeit gedruckt. Heine kritisierte mit diesem Werk und seinen »Zeitgedichten« auf hohem künstlerischem Niveau die

> Das Fräulein stand am Meere
> Und seufzte lang und bang,
> Es rührte sie so sehre
> Der Sonnenuntergang.
>
> Mein Fräulein! sein Sie munter,
> Das ist ein altes Stück;
> Hier vorne geht sie unter
> Und kehrt von hinten zurück.

deutsche Gesellschaft. Weniger bissig, eher spielerisch humoristisch war die Versepik ›Atta Troll‹ (1843, 1847), welche die jungdeutsche Tendenzpoesie aufs Korn nahm. Finanzielle Schwierigkeiten ergaben sich für Heine aus einer misslungenen Börsenspekulation und dem Erbschaftsstreit nach dem Tod seines Onkels.

Zeitgleich zur gescheiterten Märzrevolution 1848 stellte sich bei Heine eine tödliche Rückenmarkskrankheit ein, die sein Pariser Exil dauerhaft machte. Acht Jahre lang lag Heine in seiner »Matratzengruft«. Sein körperliches Leiden und die Todesahnung wurden Gegenstand des ›Lazarus‹-Zyklus in seinen »privaten« Gedichten. Er setzte sich intensiv mit dem Glauben und seiner jüdischen Identität auseinander. Die späten ›Romanzero‹-Gedichte wurden ein Erfolg, obwohl sie später wegen ihrer politischen Brisanz in Österreich und Preußen verboten wurden.

Theodor Fontane (1819–1898)

Nach dem Fall der Berliner Mauer nahmen manche Westdeutsche auf der Suche nach Herrn von Ribbecks Birnbäumen im Havelland Theodor Fontanes Reisebeschreibungen durch die Mark Brandenburg wieder zur Hand. Schon Fontane war entsetzt über den Kontrast zwischen Vorstellung und Wirklichkeit einiger Städte, was dem Reisenden mit Fontane in der Tasche heute sicherlich ähnlich geht. Davon ausgenommen sind freilich die Naturbeschreibungen. Die Reiseberichte sind die Resultate von Fontanes Leidenschaft fürs Wandern und für die Besonderheit dieser Landschaften. Er war damals (1860–1870) Redakteur und Kriegsberichterstatter des englischen Teils einer konservativen Zeitung.

Der gelernte Apothekergehilfe und Vater zweier Kinder, der 1819 im vorpommerschen Swinemünde geboren worden war, hatte mit dreißig seinen Apothekerberuf quittiert und sich seitdem u. a. als Auslandskorrespondent in England bei verschiedenen Berliner Zeitungen mehr schlecht als recht durchgeschlagen. Seine dichterische Berufung, vor allem als volkstümlicher Balladendichter, hatte ihn schon früh mit literarischen Kreisen in Verbindung gebracht. Er stand nicht nur der literarischen Vormärzbewegung nahe, sondern hatte spontan an den Berliner Barrikadenkämpfen teilgenommen.

Als zwölf Jahre später der Kriegsberichterstatter Fontane vor Beginn des deutsch-französischen Kriegs 1870 nach Frankreich reiste, wurde er als vermeintlicher Spion festgesetzt. Nach seiner Freilassung wechselte er wieder den Beruf und arbeitete in Berlin als Theaterkritiker bei der ›Vossischen Zeitung‹. Fast sechzigjährig unternahm Fontane im Jahr 1876 den entscheidenden Schritt und kündigte eine gerade erst angetretene sichere Beamtenstelle, um sich für das freie Dasein des Schriftstellers zu entscheiden.

Damit lag er völlig gegen den Trend, denn seit der Märzrevolution hatten die Literaten an Ansehen verloren. Bismarck diffamierte sie als eine »Bande von Menschen, unfähig zum Elementarschullehrer, zu arbeitsscheu zum Postsekretär«. Doch Fontane beschloss trotz Einwänden seiner Frau, Romane zu schreiben. Der frisch gebackene Autor tat sich mit der Publikation seiner Romane bei den Verlagen nicht leicht, während andere, heute weniger bekannte Literaten wie Paul Heyse gleichsam als Dichterfürsten verehrt wurden.

Theodor Fontane, 1898.

Zunächst schrieb Fontane historische Romane unter dem Einfluss des englischen Dichters Walter Scott. Erst mit siebzig wandte er sich dem Romantyp des realistischen Gesellschaftsromans zu, der ihn berühmt machte. Fontane, ein Meister der scharfen Beobachtung, schildert wirklichkeitsnah und illusionslos das märkische Gesellschaftsmilieu und setzt sich mit gesellschaftlichen Normen sowie ihrer zerstörerischen Wirkung auseinander.

Frauen stehen im Mittelpunkt der meisten Romane: In ›Irrungen und Wirrungen‹ (1888) muss die Plättnerin Lene erkennen, dass ihre Beziehung zum verarmten Grafen Botho keine Zukunft hat. Beide resignieren und opfern ihre Liebe der gesellschaftlichen Notwendigkeit. Aber nicht die soziale Problematik, sondern der »unsittliche« Charakter dieser »Hurengeschichte« erregte Anstoß bei den Zeitgenossen: Das unverheiratete Paar verbringt gemeinsam eine Nacht. ›Frau Jenny Treibel‹ (1892/93) ist ein Berliner Roman, der humorvoll und mit Ironie die Möglichkeiten und Grenzen des sozialen Aufstiegs zweier Frauen erzählt.

›Effi Briest‹ (1894/95), Fontanes bekanntester Roman, kreist um das Thema der unglücklichen Liebe Effis und ihrer Heirat mit dem gänzlich unromantischen älteren Baron von Instetten. Die Geschichte geht auf eine Begebenheit in Fontanes Bekanntenkreis zurück. Die Entdeckung einer verheimlichten Liebe bringt den Ehemann dazu, sich mit dem Liebhaber zu duellieren. Der Liebhaber stirbt und die Ehe wird geschieden. Im Roman wird Effi auch noch ihrer eigenen Tochter entfremdet, die beim Vater aufwächst. Kurz vor ihrem Tod erkennt sie die Inkonsequenz ihres Handelns und verzeiht ihrem geschiedenen Mann. Fontane nimmt nicht Partei, verurteilt nicht, denn die Personen handeln nur nach ihren Gefühlen oder gesellschaftlichen Normen – als Opfer eines Konfliktes, der individuell nicht lösbar erscheint.

Fontane trifft mit diesen Themen den feinen Nerv der im Wilhelminismus moralisch begründeten Ehe mit ihren festgelegten Geschlechterrollen. In seinem eigenen, unverkennbaren Stil verknüpft er inneres und äußeres Geschehen miteinander. Die Faszination seiner Romane beruht vor allem auf dem indirekten Erzählstil, der nie die Begebenheiten benennt, sondern sie »zwischen den Zeilen« andeutet. Vor allem im Spätwerk (›Der Stechlin‹) reduziert sich die Erzählung im Wesentlichen auf den Stil und die Reflexion. In den Sprachstilen werden die Personen teilweise in ihrer Eingeschränktheit gezeigt, aber auch schon die Ideen einer neuen Zeit angekündigt.

Fontane, der einen von Literaturmoden unberührten eigenen Stil entwickelt hatte, erfuhr in seiner Zeit gesellschaftliche Anerkennung immer nur in Maßen. Doch das Alterswerk dieses Spätentwicklers war von äußerster Modernität und wurde zum Vorbild für die junge Generation der Naturalisten wie die Brüder Mann, die eben erst die literarische Szene betraten. Thomas Mann schrieb über Fontane: «Er ist unser Vater.«

Thomas Mann (1875–1955)

Thomas Manns Leben ist vor allem deshalb so gut dokumentiert, weil er sein Image als großer deutscher Romanschriftsteller mit geprägt hat, unter anderem durch seine Tagebücher. Sein früher literarischer Ruhm, der seines Bruders Heinrich und seiner begabten bzw. exaltierten Kinder Erika, Klaus und Golo haben schließlich den Mythos der Familie Mann begründet.

Thomas Mann war Zeitgenosse und Zeitzeuge mehrerer literarischer Epochen. Diese Zeitströmungen, von denen die des ausgehenden 19. Jh. (Seite 114) anfänglich am stärksten auf ihn wirkte, hinderten ihn nicht daran, in seinen Romanen und Novellen völlig neue, eigene Ausdrucksformen zu entwickeln.

Nachdem er bis zur mittleren Reife die Schulbank gedrückt hatte, schlug er halbherzig in München die Laufbahn eines Versicherungsangestellten ein.

Unter »schnupfenden Beamten« nutzte er jede Pause für seine schriftstellerische Arbeit und schon bald gab er den Brotberuf zugunsten seiner schriftstellerischen Existenz auf, was ihm durch regelmäßige Zuwendungen seines Vaters, einem wohlhabenden Lübecker Kaufmann, erleichtert wurde. Nach einem längeren Italienaufenthalt mit seinem Bruder Heinrich arbeitete Thomas Mann als Redakteur des ›Simplicissimus‹.

In seinem ersten Roman ›Buddenbrooks. Der Niedergang einer Familie‹ (1901) verarbeitete er sehr zum Ärger der eigenen Verwandtschaft Details aus der Mann'schen Familienchronik und schuf ein zeitgeschichtliches Dokument des absteigenden Großbürgertums. Der für sein gesamtes literarisches Schaffen typische Konflikt zwischen dem künstlerisch veranlagten Menschen und der bürgerlichen Welt nimmt in dem sensiblen, lebensunfähigen »Spätling« Hanno Gestalt an.

Den ›Buddenbrooks‹ verdankt Thomas Mann auch den 1929 verliehenen Nobelpreis. Thomas Mann gründete mit Katia Prings-

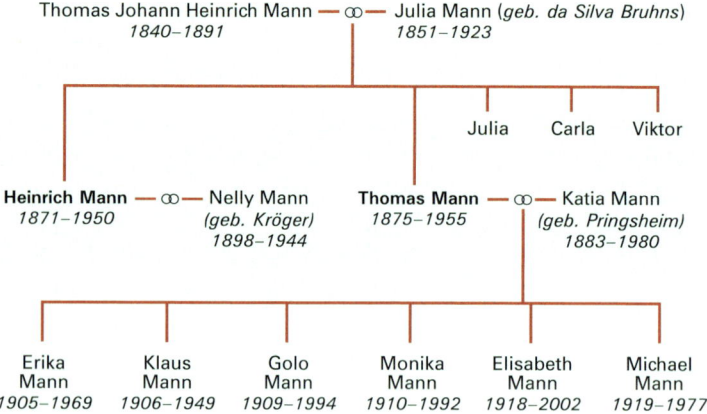

Drei Generationen im Stammbaum der Familie Mann.

heim eine schnell wachsende eigene Familie und verkehrte in den führenden Münchner Gesellschaftskreisen.

Die dekadente, dem Tod zugewandte Seite der Künstlernatur beschäftigte Thomas Mann in seinen Novellen, vor allem in ›Der Tod in Venedig‹ (1913) und später im ›Zauberberg‹ (1924). Das Problem sollte ihn auch im »realen Leben« einholen: Thomas' Schwester und sein Sohn Klaus, beide Schauspieler, nahmen sich das Leben.

Mit dem Ausbruch des Ersten Weltkrieges 1914 kam es zum Zwist mit dem pazifistisch gesinnten Bruder Heinrich. Thomas Mann formulierte eine gemäßigt patriotische Position (›Betrachtungen eines Unpolitischen‹, 1918) und beharrte anders als Heinrich auf der Abgrenzung von Literatur und Politik. Nach Verleihung des Nobelpreises sah er sich angesichts der zunehmenden Radikalisierung an den rechten und linken politischen Rändern in die Rolle des Repräsentanten einer humanistischen deutschen Kultur gezwungen.

Die Auseinandersetzung um Humanismus und Diktatur gingen auch in seinen ›Zauberberg‹-Roman ein. Als Thomas Mann sah, dass der Nationalsozialismus nicht mehr zu verhindern war, beschloss er – auch um die eigene Familie nicht zu gefährden – 1933 ins Exil zu gehen. Am Zürcher See begann er mit dem ›Josephs‹-Roman, einer Neuinterpretation des alttestamentarischen Stoffes. Auf seine öffentliche Verteidigung eines »besseren Deutschlands« erfolgte 1936 die Ausbürgerung durch die Nationalsozialisten.

Übersetzungen

Die ›Buddenbrooks‹ wurden seit 1904 in 32 Sprachen übersetzt.

Verfilmungen

›Buddenbrooks‹. BR Deutschland 1959, Spielfilm.
Regie: Alfred Weidenmann. Drehbuch: Erika Mann.

›Wälsungenblut‹. BR Deutschland 1964, Spielfilm. Regie: Rolf Thiele.
Drehbuch: Erika Mann, Franz Seitz.

›Tonio Kröger‹. BR Deutschland 1964, Spielfilm. Regie: Rolf Thiele,
Drehbuch: Erika Mann.

›Tod in Venedig‹. Italien/Großbritannien 1971, Spielfilm.
Regie/Drehbuch: Luchino Visconti.

›Unordnung und frühes Leid‹. BR Deutschland 1976, Spielfilm.
Regie/Drehbuch: Franz Seitz.

›Bekenntnisse des Hochstaplers Felix Krull‹. BR Deutschland 1981,
TV-Film. Regie: Bernhard Sinkel.

›Der Zauberberg‹. BR Deutschland 1981, Spielfilm.
Regie/Drehbuch: Hans-Werner Geißendörfer.

›Doktor Faustus‹. BR Deutschland 1982, Spielfilm. Regie: Franz Seitz.

›Dem deutschen Volke‹. Frankreich / BR Deutschland,
1989–1996, Dokumentarfilm. Regie: Wolfram Hissen, Jörg Daniel.

›Mario und der Zauberer‹. Deutschland / Frankreich /
Österreich 1993/1994, Spielfilm. Regie: Klaus Maria Brandauer.

›Die Manns‹. Ein Jahrhundertroman 2001, TV-Film. Regie: Heinrich Brelauer.

Zu Kriegsbeginn 1939 ging Thomas Mann in die USA, wo er zunächst Gastprofessor in Princeton wurde und dann im kalifornischen Pacific Palisades lebte. Als Vertreter eines besseren Deutschlands verfocht er in zahlreichen politischen Reden und Aufsätzen die humanistischen deutschen Traditionen. Von der deutschen Realität desillusioniert nahm er schließlich die amerikanische Staatsbürgerschaft an.

Selbstkritisch unterzieht Thomas Mann in seinem Roman ›Dr. Faustus‹ den realitätsvergessenen künstlerischen Rausch einer Revision: Die Zurücknahme des Humanen bedeutet das Ende der Kunst, zeigt der Fall des genialen Komponisten Leverkühn. Prophetisch erscheint heute, im Zeitalter Europas und der Globalisierung, Thomas Manns Vision vom »Ende der Nation« und der »Vereinheitlichung der Welt«.

Für seine Idee vom weltbürgerlichen »Deutschtum« fand er aber nach dem Krieg in Deutschland keine Basis. Erst 1949 betrat er anlässlich des Goethe-Jubiläums in Frankfurt und Weimar wieder deutschen Boden und hielt eine Gedenkrede, die offen die deutsche Einheit postulierte. Da ihm wie vielen anderen deutschen Intellektuellen der »Ausschuss für unamerikanische Aktivitäten« das Leben schwer machte, verließ er 1952 endgültig die USA und ließ sich wieder in der Schweiz am Zürichsee nieder, wo er sein Lebenswerk mit dem schon 1911 begonnenen Roman ›Bekenntnisse des Hochstaplers Felix Krull‹ (1954) beendete.

Zu seinem 80. Geburtstag erfuhr er zahlreiche deutsche und internationale Ehrungen. Thomas Manns Werk hat die stilisierte Existenz seines Verfassers überdauert. Seine oft mühsam aufrechterhaltene bürgerliche Existenz war Schutz vor der ständig gefährdeten inneren Balance, der homoerotischen Anlage, sei-

Hermann Hesses Gedenkrede auf Thomas Mann

»Was hinter seiner Ironie und seiner Virtuosität an Treue, Verantwortlichkeit und Liebesfähigkeit stand, ... das wird sein Werk weit über unsere verworrenen Zeiten hinaus lebendig erhalten.«

ner künstlerischen Sensibilität und allem, was eigentlich seine künstlerische Triebkraft ausmachte. Thomas Mann fand in der Ironie den für ihn typischen Stil, in dem diese Spannungen und Widersprüche aufgelöst werden konnten.

Bertolt Brecht (1898–1956)

Kaum ein Dramatiker hat das Theater des 20. Jahrhunderts so nachhaltig beeinflusst wie Bertolt Brecht. Er schrieb nicht nur fürs Theater, er führte Regie und prägte eine neue Theaterkultur. Der Sohn eines Fabrikdirektors schreibt über sich später, dass er »in den Gewohnheiten des Bedientwerdens« und »der Kunst des Befehlens« unterrichtet wurde. Weil ihm aber die Leute seiner Klasse nicht gefielen, gesellte er sich, als er erwachsen geworden war, »zu den geringen Leuten«. Ein einschneidendes Erlebnis war für Brecht die blutige Niederschlagung der Novemberrevolution 1918, die er als junger Lazarett-Arzt in München erlebte.

Sein erstes Drama ›Baal‹, dem ein syrischer Erdgott den Namen gab, ist von kraftstrotzendem Geniekult – nur dass Baal eine Art monströser Bürgerschreck ist, in dem Brecht seine anarchischen Fantasien auslebte. Der junge Brecht war kein einsamer Rebell, sondern suchte die Öffentlichkeit, trieb sich in Kneipen herum, war ein Frauenheld und fasziniert von der grotesken Komik Karl Valentins.

Obwohl er sich auch als Lyriker einen Namen machte (›Hauspostille‹), war die Theaterbühne seine Welt, in den Dramatikern Büchner und Wedekind sah er seine Geistesverwandten. Schon früh führte er sich in die literarischen Szenen ein, befreundete sich mit expressionistischen Dichtern (J. R. Becher, A. Bronnen). Mit seinem zweiten Stück ›Trommeln in der Nacht‹, das er selbst an den renommierten Münchner Kammerspielen inszenierte, stellte er sich an die Spitze des modernen Theaters. Die Illusionsbühne wurde demontiert: »Es sind Bretter und ein Papiermond und dahinter die Fleischbank, die allein ist leibhaftig.« Revolutionäre Aufstände und Kriegselend sind häufig Rahmenhandlungen für Brechts Dramen.

Brecht, der 1922 heiratete und ein Jahr später Vater wurde, hatte auch eine Vorliebe für bürgerliche Hochzeits- und Verlobungsszenen, in denen er den morschen Untergrund der menschlichen Beziehungen entlarvte. In ›Dickicht der Städte‹ wird die »unendliche Vereinzelung des Menschen« zum Thema, in ›Mann ist Mann‹ die Manipulierbarkeit des Einzelnen in der Masse.

1924 siedelte Brecht nach Berlin über, wo er als Dramaturg am Deutschen Theater arbeitete. In seiner ›Dreigroschenoper‹, mit der er international bekannt wurde, wird die Verbrecherwelt als Bürgerwelt gestaltet. Auch das nachfolgende antibürgerliche Skandalstück ›Aufstieg und Fall der Stadt Mahagonny‹ wirkte durch die Musik Kurt Weills, dessen Songs zu Gassenhauern der Roaring Twenties wurden.

Der Idee, mit Hilfe des Gesangs Distanz zur Handlung herzustellen, entspricht auch Brechts Verfremdungstheorie: Identifikation mit dem Bühnengeschehen soll verhindert, kritisches Bewusstsein geschaffen werden. Der zum Marxisten gewandelte Brecht begann nun »Lehrstücke« zu schreiben, in denen das Publikum durch Nachdenken zur »richtigen Überzeugung« gelangen sollte.

Als die Aufführung der ›Heiligen Johanna der Schlachthöfe‹ verhindert wurde, erkannte Brecht die Zeichen der Zeit und floh unmittelbar vor der Verbrennung seiner Bücher durch die Nazis (1933) mit seiner Familie zunächst in die Schweiz, wo er u. a. die Brüder Mann sowie Walter Benjamin und Lion Feuchtwanger traf. Über Paris reiste er nach Dänemark, dort ließ er sich auf einem Bauernhof nieder. Es entstanden zahlreiche wichtige dramatische Werke, Gedichte sowie politische Essays, die er für eine sowjetische Emigrantenzeitschrift verfasste.

Aus der geografischen Nähe Dänemarks verfolgte Brecht die politischen Entwicklungen in Deutschland. Es entstanden ›Furcht und Elend des Dritten Reiches‹ und ›Die Gewehre der Frau Carrar‹ – ein Stück, das zum gewaltsamen Widerstand aufruft.

Mit diesem Aktionismus kontrastierte seine Begeisterung für chinesische Weisheitslehren (›Tao Te King‹), die ihn zu seinen gleichnishaften Keuner-Geschichten anregten. Der im weit entfernten China spielende ›Gute Mensch von Sezuan‹ führt zur offenen Schlussfrage, ob die Welt oder der Mensch verbessert werden müsse. Zum Nachdenken soll auch der Schluss von ›Mutter Courage‹ anregen, denn die Antiheldin des Stückes, eine Kriegsgewinnlerin, hat selbst nach dem Verlust ihrer Kinder nichts gelernt. In ›Leben des Galilei‹ stellte Brecht die für das zwanzigste Jahrhundert zentrale Frage nach der moralischen Verantwortung der Wissenschaft.

Bertolt Brecht,
Karikatur von Elizabeth Shaw.

Die Abschiedsformel im ›Literarischen Quartett‹ mit Reich-Ranicki ist ein Brechtzitat:
»Wir stehen selbst enttäuscht und seh'n betroffen / Den Vorhang zu und alle Fragen offen.«
Aus dem Epilog von ›Der gute Mensch von Sezuan‹

Als 1939 deutsche Truppen Dänemark besetzten, wich Brecht mit seiner Familie nach Schweden aus. Nachdem auch sein neuer Standort gefährdet war, floh er 1941 über Russland in die USA. Russland kam als Aufenthalt für den Marxisten Brecht nicht in Frage, weil dort gerade die stalinistischen Säuberungen wüteten, denen auch viele seiner Freunde zum Opfer fielen.

In Hollywood fand Brecht eine vorläufige Bleibe. Die Hauptfigur in seinem Stück ›Schweyk im Zweiten Weltkrieg‹ stand für Brechts Hoffnung auf die Beständigkeit des deutschen Volkes auch nach vorübergehender Tyrannei. Wie viele seiner deutschen Leidensgenossen sehnte er das Kriegsende herbei, um nach Deutschland zurückkehren zu können. Es geschah früher, als er ahnte: Wie Charlie Chaplin, mit dem er befreundet war, und viele andere Künstler und Intellektuelle wurde auch Brecht vor den »Untersuchungsausschuss für unamerikanisches Verhalten« zitiert. Den Fragen nach seiner kommunistischen Vergangenheit wich er listig und humorvoll aus, so dass er die Lacher auf seiner Seite hatte.

Unmittelbar danach verließ er die USA zunächst in Richtung Schweiz und kehrte dann nach Ostberlin zurück. Er hoffte, an dem Aufbau einer neuen, nicht-kapitalistischen Gesellschaft mitwirken zu können. Verlockend war auch die Freiheit eines eigenen Theaters. Seine Arbeit am Berliner Ensemble, das er zusammen mit seiner zweiten Frau, der Schauspielerin Helene Weigel, leitete, war jedoch von politischen Gratwanderungen in der DDR-Gesellschaft geprägt. Nach einer Periode der Anfechtungen und des Unverständnisses in beiden Teilen Deutschlands wurde sein Theaterwerk 1954 auf dem Pariser Theaterfestival ausgezeichnet und danach weltberühmt.

Heinrich Böll (1917–1985)

Natürlich kennt man den Namen, den auch eine politische Stiftung trägt, aber Heinrich Bölls Person und sein Werk sind seit den 80er Jahren schon vielerorts in Vergessenheit geraten. Wer war Heinrich Böll? Der gute Mensch aus Köln, der Katholik, der Humanist, der Moralist, der Anarchist? Viel mehr ist nicht geblieben an Erinnerungen an den Mann, dessen Werke nach 1945 in fast jedem deutschen Bücherregal standen, von dem die Presse fast ständig berichtete und dessen Bekanntheit überall in die Welt gedrungen ist.

Heinrich Böll, der Sohn eines Kölner Schreinermeisters und Bildhauers, wollte von Jugend an Schriftsteller werden und hatte sich schon an der Kölner Universität für das Germanistikstudium eingeschrieben, als er zu Kriegsbeginn 1939 in die Wehrmacht einberufen wurde. Während des Krieges heiratete er Annemarie Cech, mit der er zwei Kinder hatte.

Nachdem er in Gefangenschaft geraten war, kehrte er 1945 nach Köln zurück. Er veröffentlichte seine ersten Kurzgeschichten und schlug sich als freier Schriftsteller durch, die wirtschaftliche Not zwang ihn ab 1950 zu diversen Aushilfstätigkeiten. 1951 wurde er zur »Gruppe 47« (Seite 121) eingeladen, die ihm für die Erzählung ›Die schwarzen Schafe‹ einen Preis verlieh.

Ein Verlagsvertrag verbesserte seine ökonomische Situation, und von nun an schrieb er zahlreiche Romane, Erzählungen und Hörspiele, für die er fast jedes Jahr einen anderen Literaturpreis erhielt. 1971 wurde er Präsident des internationalen Schriftstellerverbands (PEN-Club) und im darauf folgenden Jahr mit dem Nobelpreis für Literatur geehrt. Es folgten zahlreiche weitere Auszeichnungen, Ehrenbürgerschaften und -doktorwürden im In- und Ausland sowie 1982 in Nordrhein-Westfalen der Professorentitel.

Heinrich Böll war sicherlich kein moderner Schriftsteller, sein Stil war einfach und realistisch, allerdings in einer Weise, die auch die subjektive Sicht berücksichtigte und die Gegenstände übertrie-

Heinrich Böll

ben satirisch darstellte, um sie »ins rechte Licht« zu rücken. Die Themen seiner Erzählungen und Romane waren die Probleme der Nachkriegszeit, angefangen von der Aufarbeitung der schrecklichen Kriegserinnerungen und Verbrechen, die Nöte der Nachkriegsjahre, die moralische Verrohung im Wohlstandsmuff der Adenauerära.

Heinrich Böll kritisierte das Ausufern der staatlichen Gewalt gegen Oppositionelle und die Zerstörung der Natur durch die »zivilisierte« Gesellschaft. Bei all diesen gegenwartsbezogenen Themen blieb er vor allem Erzähler in einer »guten alten« Tradition. Kleist, Hebbel, Tolstoi waren die literarischen Vorbilder seiner Jugend gewesen, sein Erzählstil isoliert nicht – trotz all der kontroversen Themen und Angriffe –, sondern stiftet Gemeinschaft. Seine

Figuren aus dem Kleinbürgermilieu suchen eine Heimat, er nimmt sie in Schutz, auch vor lebensfeindlichen und lebensverachtenden Tendenzen in der deutschen Nachkriegsgesellschaft.

Böll wurde im Lauf seines Lebens zunehmend politischer: Er schrieb gegen Vergangenheitsvergessenheit, den blinden Wahn des Wiederaufbaus, antikommunistische und Terroristen-Hetze an. Daneben war Böll in einem Werte erhaltenden Sinn konservativ. Er sah die Gefahren überstürzter Modernisierung und vermisste in der bundesrepublikanischen Gesellschaft die Menschenfreundlichkeit. Diese glaubte er in anderen Ländern zu finden, zum Beispiel in Irland, wo er sich ein Bauernhaus kaufte, in das er sich gerne zurückzog.

Böll griff nicht nur mit seinen literarischen Werken in die politische Diskussion ein, er schrieb auch polemische Essays, hielt Reden und nahm zu tagespolitischen Ereignissen Stellung. Dass er sich überall kritisch einmischte, trug ihm viel Anfeindung in der bundesrepublikanischen Öffentlichkeit vor allem von den konservativen Medien (›Bild-Zeitung‹) ein – dies auch, weil er stets den Mut hatte, die Hetzkampagnen der meinungsbeherrschenden Presseorgane anzuprangern.

1997 wurde die Heinrich-Böll-Stiftung von Bündnis 90/Die Grünen gegründet. In der Begründung für die Namensgebung heißt es: »... weil seine Person jene seltene Einheit von politischer Wachheit, künstlerischer Kreativität und moralischer Integrität verkörpert, die auch für kommende Generationen vorbildlich bleibt.« Aufgabe der politischen Stiftung ist »die politische Bildung im In- und Ausland zur Förderung der demokratischen Willensbildung, des gesellschaftspolitischen Engagements und der Völkerverständigung«. Sie orientiert sich »an den politischen Grundwerten Ökologie, Demokratie, Solidarität und Gewaltfreiheit«.
Infos: www.boell.de

Günter Grass (*1927)

Kein anderer deutscher Schriftsteller hat seit dem Zweiten Weltkrieg so nachhaltig auf die literarische und intellektuelle Öffentlichkeit eingewirkt wie Günter Grass. In dem Maße, in dem er zu einer Art moralischer Instanz, zum Gewissen der Nation wurde, sind die literarischen Qualitäten seiner Werke zeitweise weniger beachtet worden. Es ist aber unumstritten, dass sein Werk, für das er zahlreiche Preise und Auszeichnungen erhielt, eines der bedeutendsten der Nachkriegsära ist.

In seiner Danziger Kindheit erlebte Günter Grass hautnah die nationalsozialistische Indoktrination, das Mitläufertum und die Opposition in Familie, Schule und sozialem Umfeld. 1944 war die Schullaufbahn für ihn vorzeitig beendet, da er in die Wehrmacht eingezogen wurde. Eine Verwundung und anschließende Kriegsgefangenschaft beendeten den »Spuk«. Erst allmählich und in zeitlicher Distanz konnte Grass das Ausmaß der Verbrechen dieser zwölf Jahre begreifen. Dieser Prozess der Bewusstwerdung des Vergangenen in seiner ganzen Grausamkeit, aber auch Banalität wurde bestimmend für Günter Grass' Literatur. Nach der Kriegsgefangenschaft studierte er 1948/49 Bildhauerei, Grafik und Malerei in Düsseldorf und Berlin. Er verkehrte in Künstlerkreisen, spielte in einer Jazzband, las alles, was an Literatur nach dem Krieg verfügbar war, und begann Gedichte zu schreiben.

Das Schreiben und die bildende Kunst sind die Pole seiner Aktivität, zwischen denen er in seinem Leben immer hin- und herpendelt. Auch Ortswechsel und Reisen sind charakteristisch für sein Leben. So zog er, von Camus' Existenzialismus (Seite 125) begeistert, mit seiner Frau 1956 nach Paris, wo er in seinem Atelier, einem Heizungskeller, mit Plastiken experimentierte, Gedichte und Theaterstücke schrieb und mit der Arbeit an der ›Blechtrommel‹ begann. Die frühe Anerkennung seiner Literatur durch die berühmte »Gruppe 47« gab ihm den Antrieb, sich verstärkt dem Schreiben zu

Günter Grass: ›Selbstporträt mit Rättin‹, 1997.

widmen. Als er 1958 aus Teilen seiner ›Blechtrommel‹ vorlas, wurde dies der Durchbruch zur schriftstellerischen Karriere.

Die ›Blechtrommel‹ (1959) wurde das weltweit bekannteste deutsche Buch der Nachkriegszeit und ermöglichte Grass die finanzielle Unabhängigkeit. Die kürzeste Inhaltsangabe des Romans stammt von ihm selber: »Junge, dreijährig, stellt Wachstum ein.« In diese fiktive Autobiografie Oskar Matzeraths gehen verschiedene Lebensstationen, Erlebnisse, Figuren und Orte aus Grass' Leben ein, die in der Tradition des barocken Schelmenromans verarbeitet werden. Grass sah im Schreiben eine Form der Auseinandersetzung mit der Vergangenheit, mit seiner persönlichen Konfrontation mit Nationalsozialismus und Krieg, auch mit dem Verlust seiner Danziger Heimat.

Verfilmungen

›Katz und Maus‹. BR Deutschland 1966. Spielfilm,
Regie: Hansjürgen Pohland.

›Die Blechtrommel‹. BR Deutschland / Frankreich 1978/1979. Spielfilm,
Regie: Volker Schlöndorff.

›Kleckerburg verloren. Günter Grass – Von Danzig nach Dansk‹.
Deutschland 1993, TV-Dokumentarfilm, Regie / Drehbuch:
Hans-Christoph Blumenberg.

›Die Rättin‹. Deutschland 1997, TV-Spielfilm. Regie: Martin Buchhorn.

›Unkenrufe‹. Deutschland / Polen 2004/2005, Spielfilm.
Regie: Robert Glinski.

Von den 60er Jahren an sah sich Grass in der Verantwortung des politischen Schriftstellers, was ihm viel Kritik einbrachte. Er engagierte sich während der Zuspitzung des Ost-West-Konflikts Anfang der 60er Jahre in der Friedensbewegung. Über die Gruppe 47 lernte er Willy Brandt kennen, mit dem ihn eine dauerhafte Freundschaft verband. Seitdem unterstützt er die SPD bei ihren Wahlkämpfen.

Als 1961 der Mauerbau begann, übte Grass schonungslos Kritik am DDR-Regime und verurteilte die Ausweisung von Schriftstellern. Im darauf folgenden Jahrzehnt organisierte er ein Treffen zwischen westdeutschen und DDR-Schriftstellern und stiftete den Döblin-Preis im Andenken an sein großes literarisches Vorbild. Auch die westdeutsche Entwicklung blieb von seiner Kritik nicht verschont, 1963 erschien seine Wirtschaftswundersatire ›Hundejahre‹.

Nach der Trennung von seiner ersten Frau verlagerten sich die Themen: Beziehungskonflikte zwischen Mann und Frau wurden zum Gegenstand des zweiten umfangreichen Romans ›Der Butt‹, der 1977 erschien. Patriarchale Handlungsmuster werden als Ursache für zahlreiche gesellschaftliche Probleme identifiziert. Weitere Themen sind die Probleme der Dritten Welt, denen Grass auf seinen Reisen in Asien, Afrika und Mittelamerika auf der Spur war, und die Umweltbedrohung durch Atomkraft. Der 1986 erschienene Roman ›Die Rättin‹ handelt von der Endlichkeit der menschlichen Existenz angesichts atomarer Katastrophen.

Im geschichtsträchtigen Jahr 1989 kämpfte Grass in zahlreichen Reden gegen den Zeitgeist für einen langsamen Prozess der Annäherung beider deutscher Staaten. Auch mit dem neuen Verhältnis zum Osten, insbesondere zu Polen, setzte er sich auseinander und rief zur Aussöhnung auf. Später attackierte er die fremdenfeindlichen Ausschreitungen in Deutschland und mischte sich in die Asyldebatte ein – immer vor dem Hintergrund der deutschen Kriegsvergangenheit.

Ab 2002 widmete er sich einem bisher wenig beachteten Vergangenheitsthema, dem Unrecht der Kriegsvertreibungen (›Im Krebsgang‹), weil man dieses Thema nicht den »Rechtsgestrickten« überlassen dürfe. Nachdem Grass' Werke lange Zeit von der Kritik begeistert aufgenommen worden waren, wurde der 1995 erschienene Roman ›Ein weites Feld‹ (der Titel eine häufige Formulierung aus Fontanes ›Effi Briest‹), der Fontane zum Wiedergänger werden lässt, im ›Literarischen Quartett‹ total verrissen, ungeachtet dessen aber ein großer Erfolg.

Grass, der immer wieder zur bildenden Kunst zurückfand, gab 1999 sein mit Aquarellen illustriertes Buch ›Mein Jahrhundert‹ heraus, eine Sammlung von Kurzgeschichten, die in barocker Manier miteinander verknüpft eine Bilanz des 20. Jahrhunderts darstellen. Für dieses virtuos gestaltete Erinnern des Vergessenen erhielt er im selben Jahr den letzten Literatur-Nobelpreis des 20. Jh., den er in Anwesenheit seiner zahlreichen Kinder und Enkel in Stockholm in Empfang nahm.

Die Verleihung des Nobelpreises wird begründet: »... weil Grass in munter-schwarzen Fabeln das vergessene Gesicht der Geschichte gezeichnet hat.« Die Laudatio hebt hervor, »dass die Literatur eine Macht bleibe, solange sie daran erinnere, was Menschen sich beeilen zu vergessen«.

Sprache

Die Sprachen der Welt

Wer heute durch die Welt reist, wird sich fast überall auf Englisch verständigen können. Darüber vergisst der Reisende oft die Sprachenvielfalt auf unserem Globus. Viel weniger noch wissen wir, welche Rolle die fremden Sprachen in der Vergangenheit gespielt haben, als Englisch nur auf einer kleinen nordeuropäischen Insel gesprochen wurde.

Wie die deutsche, so ist auch die englische Sprache nur ein Mitglied in einer großen Sprachfamilie, die man »indoeuropäisch« oder »indogermanisch« nennt, weil sie sich von Europa über den Iran bis nach Indien ausdehnt. Andere große Sprachfamilien sind z.B. die »Uralischen« (nordosteuropäische und -asiatische Sprachen), die »Altaischen« (Mongolisch, Sprachen der Turkvölker, Japanisch, Koreanisch), die »Sino-Tibetischen« (Chinesisch, Tibetisch) und »Nigerianisch-Kongolesischen« (zentralafrikanischen) Sprachen (zur Sprachausdehnung siehe auch die Karten auf den beiden nachfolgenden Seiten).

Sprache und ihre Bauformen

Die Sprache ist das Orientierungssystem einer Kultur, sie formt das Denken und die Realität einer Sprachgemeinschaft. Oberflächlich betrachtet scheinen Sprachen relativ zu sein, denn ein und derselbe Gegenstand kann mit Wörtern verschiedener Sprachen bezeichnet werden. Das ist aber eine nur grobe Sichtweise. Das, was

Eurasische
Sprachfamilie

☐ Indoeuropäisch/Indogermanisch
(germanische, romanische, slawische,
iranische, indoarische Sprachen)

☐ Uralisch

☐ Altaisch (Turksprachen, Mongolisch,
Tungusisch, Koreanisch, Japanisch)

☐ Chukotko-Kamchatkan-Sprachen

☐ Kaukasisch

Afrikanische
Sprachfamilie

☐ Hamitosemitische Sprachen
(u.a. Arabisch, Hebräisch)

☐ Nilosaharische Sprachen

☐ Niger-Kongo-Sprachen

☐ Khoisan-Sprachen

Amerikanische
Sprachfamilie

☐ Eskimo-Aleutitische Sprachen

☐ Na-Dene

☐ Uramerikanische (Indianische) Sprachen

Südostasiatische
Sprachfamilie

☐ Dravidische Sprachen

☐ Sinotibetische Sprachen (chinesisch,
tibetisch)

☐ Austrische Sprachen (austronesische
Sprachen, austroasiatische Sprachen)

☐ Papuasprachen

☐ Uraustralische Sprachen

wir im Deutschen z.B. mit Schnee bezeichnen, kann in den Eski-
mosprachen durch sehr verschiedene Wörter bezeichnet werden,
da die Inuit bestimmte Arten von Schnee unterscheiden. Viel
größer noch sind die Unterschiede bei abstrakten Gegenständen.
Das liegt daran, dass Wörter Teile komplexer Sprachsysteme sind.

Wörter werden meist in Ordnungen integriert, indem sie nach
den Regeln der Grammatik lautlich verändert werden. Schon der

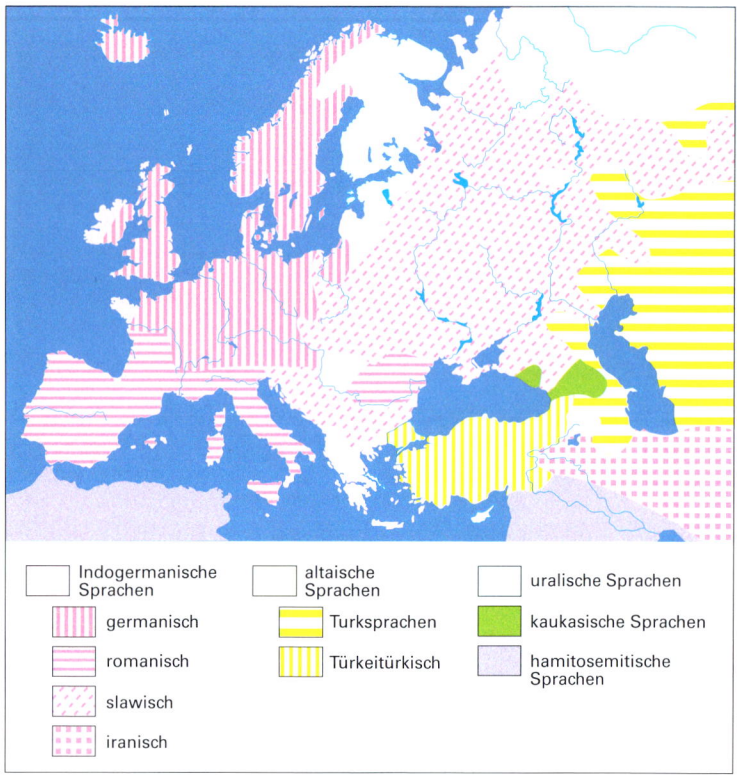

☐ Indogermanische Sprachen	☐ altaische Sprachen	☐ uralische Sprachen
▥ germanisch	▬ Turksprachen	▰ kaukasische Sprachen
▤ romanisch	▥ Türkeitürkisch	▨ hamitosemitische Sprachen
▨ slawisch		
⦂ iranisch		

Anhang oder die Veränderung eines stimmlosen (»Konsonant«) oder stimmhaften (»Vokal«) Lautes (»Phonem«) kann einen Wechsel der Bedeutung hervorrufen. Auf der Ebene der Sätze ermöglicht die Grammatik verschiedene Varianten, etwas zu begreifen und das Begriffene zu schildern.

Es gibt das »Tempus«: die Gegenwart, Vergangenheit oder Zukunft, und den »Modus«, der angeben kann, ob etwas wirklich geschehen ist oder bloß davon berichtet wird, ob eine Annahme wahrscheinlich oder unwahrscheinlich ist etc. In den europäischen Sprachen ist es das »Verb«, das so »hingebogen« oder gebeugt (konjugiert) wird, bis es etwas über das Tempus oder den Modus aussagt. Schließlich werden auch die Bezeichnungen der Gegenstände, die »Subjekte« und »Objekte« durch Anhängsel (»Deklination«) zueinander und zu der

> »Das Perfekt und das Imperfekt
> tranken Sekt.
> Sie stießen aufs Futurum an
> (was man wohl gelten lassen kann).
> Plusquamper und Exaktfutur
> blinzten nur.«
> *Christian Morgenstern, ›Galgenlieder‹*

Tätigkeit (ausgedrückt durch das Verb) in Beziehung gesetzt oder durch Eigenschaftswörter (»Adjektive«) genauer definiert.

Wie die Subjekte und Objekte im Satz sich zueinander und zum Verb verhalten, wird durch die Wort- und Satzbildung geregelt. »Präpositionen« bringen sie in ein räumliches, zeitliches und logisches Koordinatensystem.

Dabei sind diese Kompositionsformen nicht in allen Sprachen gleich. In unterschiedlichen Sprachen bilden sich verschiedene Schattierungen heraus, die sehr viel mit der jeweiligen Wirklichkeitswahrnehmung zu tun haben. Es gibt Verwandtschaften, aber auch große Unterschiede, die mit den unterschiedlichen Denkweisen verschiedener Völker zusammenhängen. Selbst so scheinbar klare Sachverhalte wie Einzahl oder Mehrzahl, die im »Singular« oder »Plural« der Substantive ausgedrückt werden, stimmen in verschiedenen Sprachen nicht überein. Unsere Vorstellung von Zeit gibt es in einigen Sprachen, so etwa in der Sprache der nordamerikanischen Hopi-Indianer, gar nicht. Zeitliche Distanz wird dort durch räumliche Abstände, z.B. das Wandern von einem zum anderen Ort, ausgedrückt.

Die Mitglieder einer Sprachgemeinschaft nehmen alle diese besonderen Regeln sozusagen schon mit der Muttermilch auf und stecken damit den Horizont ihres Denkens und ihrer Wahrnehmung ab. Der Philosoph Ludwig Wittgenstein sagte einmal: »Die Grenzen meiner Sprache bedeuten die Grenzen meiner Welt.« Deshalb ist es auch fast unmöglich, nach dem Kindesalter noch eine fremde Sprache muttersprachlich zu lernen.

Verengen wir unser Blickfeld auf die europäischen Sprachen, dann verliert die Interpretation der Wirklichkeit ihre Vieldeutigkeit; das liegt daran, dass die europäischen Sprachen mit einigen Ausnahmen miteinander verwandt sind.

Sprachentstehung und Sprachverwandtschaften

Sprachen sind nicht einfach schon da, sondern sie entwickeln sich, und sie tun das, wie die Sprachgeschichte zeigt, nicht isoliert voneinander. Insbesondere Europa zeugt von den Spuren, die zahlreiche Völkerwanderungen in den Sprachen hinterlassen haben. Das Englische beispielsweise geht auf das Germanische der aus Angeln (Schleswig Holstein) und Sachsen (nach ca. 410) eingewanderten Stämme zurück. Französisiert wurde die englische Sprache durch die normannischen Eroberer (1066).

Eine Zeitreise zu den Ursprüngen der Sprachgeschichte ist immer der Weg von den Verästelungen der heutigen Sprachen zu gemeinsamen Sprachstämmen. Über die Verwandtschaftsverhältnisse der europäischen Sprachen weiß man heute einiges. Die große indoeuropäische (indogermanische) Sprachfamilie umfasst als wichtigste Sprachgruppen die indoiranischen Sprachen (Indisch, Persisch), Griechisch, die italischen (romanischen) Sprachen, die keltischen Sprachen, die baltischen und slawischen Sprachen, die germanischen Sprachen, Albanisch und Armenisch. Nicht dazu gehören Finnisch, Ungarisch, Estnisch, Lappisch, Baskisch und Türkisch.

Das mag uns heutzutage weit hergeholt anmuten, doch ein aus ältester Zeit stammender Grundwortschatz zeugt von diesen gemeinsamen Wurzeln. Auf indoeuropäische Urworte gehen z.B. die deutschen Wörter »Vater«, »Arm«, »stehen«, »du« zurück. Von diesen Urahnen, den Indoeuropäern, gibt es allerdings keine schriftlichen Überlieferungen. Man vermutet nur, dass sie vor etwa 6000 Jahren südlich des Kaukasus lebten. Wahrscheinlich waren sie Viehzüchter und Bauern und lebten in Großfamilien.

Die germanischen Sprachen bilden eine Untergruppe dieser indoeuropäischen Sprachen, zu der neben Deutsch auch noch Englisch, Niederländisch, Friesisch, Dänisch, Schwedisch, Norwegisch und Isländisch gehören. Diese Sprachen lösten sich in einem langen Prozess von der indoeuropäischen Ursprache ab, der vermutlich um 500 v. Chr. beendet war. Die hieraus resultierenden Sprachveränderungen nennt man die »erste Lautverschiebung«. Z.B. verschoben sich die Konsonanten von p nach f, von t nach d und von k nach h. Man kann das schön an dem Vergleich deutscher mit lateinischen Wörtern sehen, welche die Lautverschiebung nicht mitgemacht haben: Lateinisch.: *pater*, Deutsch: Vater; analog: *tres* – drei.

Hinzu kam der Wandel einiger Endlaute, was dazu führte, dass einige Zeitformen wegfielen und die Deklination der Substantive einfacher wurde. Komplizierter wurde dagegen die Grammatik durch den Ablaut. Diese seltsame Erfindung bringt Deutsch Lernende regelmäßig zur Verzweiflung. In der Vergangenheitsform, dem Imperfekt und dem Partizip der so genannten »starken« Verben, ändert sich der Vokal im Wortstamm, z.B. gehen, ging, gegangen. Und da auch die anderen germanischen Sprachen diesem Trend gefolgt sind, heißt es heute etwa im Englischen »stand«, »stood«, »stood«.

Historisch hängt das Phänomen, dass sich die germanischen Sprachen von den übrigen absetzten, auch mit dem Limes zusammen – der Grenzbefestigung zwischen Rhein und Donau, die die Römer erbauten, um ihr Reich vor den germanischen Stämmen zu schützen. Die Römer schotteten damit Germanien auch in der Sprachentwicklung von den romanischen Ländern ab.

Doch der Limes konnte den Austausch zwischen den Sprachen nicht völlig unterbinden. Der Grenzverkehr führte zur Übernahme lateinischer Wörter in die germanischen Sprachen. In späteren Jahrhunderten übten dann die romanischen Sprachen, insbesondere das Französische diskret, aber bestimmt ihren Einfluss auf die deutsche Sprache aus. Dass Sprachbeeinflussungen in Einzelfällen auch in der entgegengesetzten Richtung wirkten, belegt die in allen europäischen Sprachen ähnliche Bezeichnung der Himmelsrichtungen. Karl der Große hatte »Die Namen der Winde«, Nord, Süd, West, Ost, für das ganze Reich verbindlich in germanischen Worten festgesetzt und damit eine Grundlage der räumlichen Orientierung geschaffen.

Vom Sprechen zur Schrift

Die ältesten schriftlichen Überlieferungen sind eher den Bildern als den tatsächlich gesprochenen Sprachen verwandt. Formen der Bildersprache findet man z.B. in der altägyptischen Schrift und heute noch in den chinesischen Schriftzeichen. Die Schrift löste sich später zumeist von den Bildsymbolen und orientierte sich an der gesprochenen Sprache, sie wurde zur Silbenschrift, der Kombination von Silbenzeichen zu Wörtern.

Die uns geläufigen Sprachen beruhen auf der Buchstabenschrift, die grafische Symbole einzelnen Lauten zuordnet. Sie entwickelte sich im 2. Jt. v. Chr. im syrisch-palästinensischen Raum. Zeugen sind die »Sinai-Inschriften«, die zur Gruppe der altsemitischen Sprachen gehören. Die Schrift der Phönizier führte dann zu einer sehr frühen Vorform unseres Alphabets. Die alten Griechen entwickelten sie zur eigentlichen Lautschrift, von den Römern wurde sie als Quelle für die Ausarbeitung der lateinischen Schrift verwendet. Damit war unser heutiges Alphabet geschaffen.

Man muss sich den Übergang von der gesprochenen zur geschriebenen Sprache als außerordentlich bedeutsam vorstellen. Plötzlich war Kommunikation nicht mehr orts- und zeitgebunden. Erzählungen konnten originalgetreu reproduziert, Gesetze festgeschrieben, Erlasse über regionale Begrenztheit hinaus verbreitet und Handelsverträge abgeschlossen werden. Die Schriftsprache war schlichtweg die Voraussetzung für die Entwicklung überregionaler Wirtschafts-, Staats- und Kulturformen.

Die ältesten Zeugnisse einer Schrift im germanischen Sprachraum stammen von den Goten. Es ist die ostgotische Evangelienübersetzung des Bischofs Wulfila aus dem 4. Jh., der so genannte ›Codex argenteus‹. Aber es sollte noch lange dauern, bis sich eine gemeinsame deutsche Schriftsprache durchsetzen konnte. Das Frankenreich hatte mit dem römischen Verwaltungsapparat auch das Latein übernommen. Erst Karl der Große begann um 800 damit, die deutsche Volkssprache zu verschriftlichen. Das ganze fränkische Reich sollte geordnet und christianisiert werden, und dazu bedurfte es einer Sprache, die auch das einfache Volk verstand. Das »Vaterunser« etwa und das Glaubensbekenntnis wurden in die jeweilige Volkssprache übersetzt.

Das Unterfangen war in den deutschen Sprachgebieten äußerst schwierig, weil die Dialekte, die man sprach, so unterschiedlich waren, dass eine überregionale Verständigung kaum möglich schien. Karl der Große bezeichnete seine Muttersprache als Fränkisch, die Bayern legten Wert darauf, sich sprachlich abzugrenzen, damals gegenüber den romanisch sprechenden Welschen – »Dumm sind die Welschen, klug sind Bayern« (›Kasseler Glossen‹, 9. Jh.).

Angesichts der vielen Dialektvarianten hat sich trotz der Anstrengungen Karls des Großen das Latein als Gelehrtensprache für einen langen Zeitraum erhalten. Der Vereinheitlichung der deutschen Sprache stand nicht nur die regionale Abschottung, sondern später auch die politische Entwicklung im Wege. Deutschland bestand lange Zeit aus kleinteiligen Einheiten und konnte kein kulturelles Zentrum ausbilden, wie etwa Frankreich mit Paris und England mit London. Ein Problem für die Verbreitung des Althochdeutschen bestand auch darin, dass es noch keine vollständig standardisierte Schriftsprache gab. Die Schreibweisen waren nicht einheitlich geregelt.

Im klassischen Mittelhochdeutsch des Hochmittelalters kommt es aber dann doch zur Entwicklung einer überregionalen,

›Vulgata‹, die lateinische Ausgabe der Gutenbergbibel, Mainz 1455.

einheitlichen Literatursprache, der Ritterdichtung. Zwischen 1200 und 1350 ging man in den Kanzleien der deutschen Städte langsam dazu über, auf Deutsch, d.h. in der lokalen Mundart zu schreiben. Aber der wesentliche Durchbruch zur Sprachangleichung ist erst Martin Luther mit seiner Bibelübersetzung (1522) gelungen. Johannes Gutenbergs Erfindung des Buchdrucks (1440) hat zur Vereinheitlichung der Orthografie und damit Standardisierung der Sprachform ebenso wie zur überregionalen Verbreitung der Texte entscheidend beigetragen.

Entwicklung der deutschen Sprache

Vom Althochdeutschen zum Neuhochdeutschen

Wie konnte es bei der Vielzahl der germanischen Sprachen eigentlich zu etwas so Einheitlichem wie dem Deutschen kommen?

Es gibt zahlreiche Spekulationen, wo das Wort »deutsch« herkommt. Wahrscheinlich geht es aber auf die lateinischen Wörter »theodiscus« und »teutonicus« zurück. Mit diesen Begriffen wurden die germanisch sprechenden Völker von den romanisch sprechenden abgegrenzt: »Teutonicus« geht vielleicht auf das römische Kriegstrauma der verlorenen Schlacht im Teutoburger Wald (im Jahre 9 n. Chr.) oder auf die Teutonen zurück, welche um 120 v. Chr. mehrmals in Italien eingefallen waren. Über »tiutsch«, »dudesch« und andere Formen führte dann die Entwicklung zum heutigen »deutsch«. Deutsch wurde also in Abgrenzung zu den romanischen Sprachen festgemacht, was aber noch keine wirkliche Definition ist. Deutsch war auch die Sprache des Volkes und damit von der Sprache der Gelehrten, dem Latein, unterschieden.

Historisch wird die Geburt des Deutschen aus den germanischen Sprachen an der »zweiten Lautverschiebung« festgemacht, die im Unterschied zu den anderen germanischen Sprachen (Englisch, Schwedisch, Niederländisch) nur das Deutsche betraf. Das germanische »sprekan« wandelte sich im Althochdeutschen zu »sprehhan« und wurde im Neuhochdeutschen schließlich zu »sprechen«.

Dieser Lautverschiebung von k nach kch gesellten sich noch weitere hinzu, z.B.: p nach pf, t nach ts. Das Althochdeutsche war sehr uneinheitlich, die Wortstellung folgte noch keiner klaren Regel, und es hatte nur zwei Tempora: Präsens und Imperfekt. Die Schriften aus dieser Zeit des frühen Mittelalters (750 bis 1050) sind meist sakral. Ottfried von Weißenburgs (ein Elsässer Mönch im 9. Jh.) Übersetzung des Evangeliums in seine fränkische Mundart muss rückblickend angesichts der Dominanz des Lateinischen als Pioniertat gewürdigt werden. Als wichtige schriftliche Zeugnisse aus dieser Zeit gelten auch die ›Merseburger Zaubersprüche‹ (9./10. Jh.).

Nachdem die römische Kaiserkrone an die Staufer übergegangen war (1155, Friedrich Barbarossa), wurde das Deutsche gegenüber dem Lateinischen aufgewertet. Die höfische Ritterkultur und die aufblühenden Städte trugen zur Entwicklung und Vereinheitlichung des Deutschen bei, Mittelhochdeutsch wurde Literatur-, Verkehrs- und Handelssprache. Der Wortschatz wurde reicher, die Grammatik wurde durch Einführung der »Artikel« und »Pronomen« komplexer.

Germanische Sprachen 500 v. Chr.–750
Althochdeutsch 750–1050
Althochdeutsch 1050–1350
Mittelniederdeutsch 1350–1500
Frühneuhochdeutsch 1350–1650
Neuhochdeutsch ab 1650

Diese für die Entwicklung des Deutschen fruchtbare Periode, die 1050 begann, klang mit dem politischen Verfall des Kaiserreichs um 1350 langsam aus. Raubritter machten von nun an das Land unsicher, die Bauern verarmten und die Pest überzog das Land. Während bis dahin Süddeutschland die Sprachentwicklung vorangebracht hatte, kam im 14. und 15. Jh. Hansestädten wie Lübeck, Visby und Riga bei der Ausbildung einer mittelniederdeutschen Geschäfts- und Schriftsprache eine herausragende Rolle zu. Auf Niederdeutsch erscheint der ›Sachsenspiegel‹ (um 1224), das wichtigste juristische Regelwerk jener Zeit.

Niederdeutsch setzte sich im gesamten norddeutschen Raum als Verkehrssprache durch, selbst in Handelsstädten der Niederlande, Schwedens und Englands hatte Mittelniederdeutsch als Schriftsprache Geltung. Als die Hanse um 1500 ihre Macht verlor, ging es auch mit dem Niederdeutschen bergab. Es wurde zwar immer noch gesprochen, doch als Amts- und Verkehrssprache von dem Hochdeutschen isoliert. Dieses hatte sich schon vorher von dem Mittelhochdeutschen abgelöst, von dem es sich v. a. durch die

Ausspracheveränderung der Vokale (»Diphtonge«) unterscheidet: z.B.: win/ wein, hus/haus. Zu Beginn dieser Ablösung um 1350 gab es weder grammatikalische noch orthografische Regeln, die allgemein verbindlich gewesen wären. Auch der Wortschatz unterschied sich je nach Region oder sozialem Milieu.

Nach dem Ende der großen Seuche um 1400 wurden die Städte zu wichtigen Zentren für Kultur und Verwaltung, erste überregionale Sprachen entstanden als städtische Kanzleisprachen, die sich allerdings von dem gesprochenen Deutsch unterschieden. Gefördert durch die Revolution des Buchdrucks hatten sich um 1500 fünf große Schreibsprachen in unterschiedlichen Regionen Deutschlands ausgebildet: in Nordeutschland, in Köln, in Ost-, Südost- und Südwestdeutschland. Das Ostmitteldeutsche trat dank Luthers Reformation schließlich den Siegeszug an und wurde zu einer wichtigen Grundlage des Neuhochdeutschen. Die Ausbreitung einer deutschen Standardsprache begann zu dieser Zeit und setzte sich bis Ende des 17. Jh. fort.

Wichtigste Schriftsprache blieb allerdings das Lateinische, die Begeisterung für Italien und die Antike im Zeitalter des Humanismus hatte die Bedeutung des Lateinischen als Sprache der Gebildeten eher noch gefestigt – selbst Luther schrieb ja überwiegend auf Lateinisch. Teilweise ging das Lateinische mit dem Deutschen Mischformen ein, dies tat der Entwicklung des Deutschen allerdings keinen Abbruch.

Die deutsche Sprache wurde systematisiert, insbesondere für den Satzbau lieferte das Latein unmittelbar die Regeln. Weitere Regeln bildeten sich für die Pluralbildung und die Deklination der Substantive heraus, Letztere wurden von nun an groß geschrieben.

Die Periode des Neuhochdeutschen begann nach dem Dreißigjährigen Krieg um 1650, seitdem wird kontinuierlich an der Vereinheitlichung der deutschen Sprache gearbeitet. Sprachgesellschaften erarbeiteten Regeln für Grammatik und Aussprache. Im 18. Jh. gab es schließlich eine wichtige »Bereinigungsphase« der deutschen Schriftsprache, in Gottscheds Grammatik (›Grundlegung einer deutschen Sprachkunst‹, 1748), die sogar durch staatliche Beschlüsse an Schulen eingeführt wurde.

Jenseits von Fragen der Sprachrichtigkeit beschäftigten sich als Erste die Brüder Grimm wissenschaftlich mit der deutschen Sprache und begründeten das ›Deutsche Wörterbuch‹, an dem noch spätere Generationen arbeiten sollten. Im 19. Jh. griff schließlich der Staat ein, um eine einheitliche Sprachregelung durchzusetzen. Konrad Dudens ›Orthographisches Wörterbuch‹ erscheint 1880, der Vorläufer des modernen ›Duden‹.

Sprache im Wandel – aktuelle Tendenzen

Sprache tendiert zwar zu Einheitlichkeit, sie ist aber einem ständigen Wandel unterworfen. Wortbedeutungen verändern sich, Wörter sterben aus, neue kommen dazu. Das kann man über die Jahrhunderte der deutschen Sprachentwicklung beobachten. Beispiele für die Bedeutungsverschiebung: »arabeit« bedeutete im Mhd. in erster Linie »Kampf« und wurde erst später zu »Arbeit«; »Dirne« bedeutete ursprünglich nur »junges Mädchen«; »Spießbürger« hatte ursprünglich nicht die Bedeutung von »engstirnig«, sondern bezeichnete nur den bewaffneten Stadtbürger.

In anderen Fällen wird die Wortbedeutung beibehalten, aber der Wortlaut verändert, wie z.B. bei ursprünglich »walten«, dem späteren »verwalten«. Viele Wörter wurden komplett durch neue ersetzt: Aus dem »Windmonat« wurde der »November«, aus »beiten« »warten«, aus dem »Eigner« der »Besitzer«, aus »bändig« »zahm«, aus »Wahlkind« »Adoptivkind«, aus »Afterkind« »uneheliches Kind« und aus »Scheidekünstler« »Chemiker«. Einige Wörter sind ersatzlos ausgestorben, wie »Haarwachs«, das aus der Metzgersprache stammt und das sehnige Ende eines Muskels bezeichnet, »beschmausen«, was so viel bedeutet wie sich bei einem Freund auf dessen Kosten durchfuttern, oder »bekrauten«, was »Kraut auf einem Acker abschneiden« meint. Wörter verschwinden aus der Sprache, weil sie infolge eines Bedeutungswandels unklar werden oder weil sie durch soziale, religiöse oder kulturelle Entwicklungen überflüssig bzw. durch Wörter aus einer anderen Sprache verdrängt werden. Neue Wörter hingegen werden meist auf der Grundlage des vorhandenen Wortmaterials gebildet. Oft sind es Zusammensetzungen (»Komposita«), wie z.B. »Eisschrank«, »Untertasse« oder Ableitungen, wie »stehen« – »der Stand« – »ständig«.

Zusammensetzungen begegnen wir heute vor allem in so genannten Fachsprachen. Vor allem Technik und Naturwissenschaften haben im 20. Jh. auf den deutschen Wortschatz nachhaltig eingewirkt, die Kombinationskunst kennt scheinbar keine Grenzen. Die Wortchemie verschmilzt deutsche und/oder fremdsprachliche Wörter in gleicher Weise: Atomenergie, Solarkraftwerk etc. Fachleute verständigen sich in ihren Fachsprachen weitgehend problemlos, während der Ottonormalverbraucher im Alltag schon des Öfteren Schwierigkeiten hat, das Fachchinesisch einer Gebrauchsanleitung zu verstehen – kein Wunder, denn insgesamt wurde ein gewaltiges Volumen von Fachwörtern aufgenommen, die etwa ein Zehntel des gesamten deutschen Wortschatzes ausmachen, und ein Ende ist nicht abzusehen. Einen Boom erlebt heute auch die Werbesprache, die mit immer neuen Sprachkreationen das Neue und Besondere von Produkten oder Dienstleistungen herauszustellen sucht. Sie gehört allerdings wie die Jugendsprachen zu den sprachlichen Produktionsstätten, deren Erzeugnisse oft genauso schnell veralten wie sie geschaffen wurden.

Einer der auffälligsten Trends heute ist die Überwucherung des Deutschen mit Anglizismen. Seit Kriegsende 1945 erleben wir eine englische Entlehnungswelle, die sich gegenwärtig zu einer verbalen Springflut auszuwachsen scheint.

Die deutsche Sprache hat sich so genannter »Lehnwörter« allerdings schon immer bedient – warum auch das Rad neu erfinden, wenn es bereits brauchbare Wörter in anderen Sprachen gibt? In der Vergangenheit hat es drei lateinische (50 v. Chr. bis 500 n. Chr.,

500 bis 800 und im 15./16. Jh.) und zwei französische (1150 bis 1250 und im 17./18. Jh.) Entlehnungwellen gegeben. Man findet allerdings nicht nur praktische Gründe für die Einbürgerung fremder Wörter. Die fremde Sprache galt oft als feiner oder gebildeter, was natürlich das Prestige latinisierender oder französisierender Sprecher aufwertete.

Weniger Bildung als Prestige scheint bei der gegenwärtig zu beobachtenden Anglisierung des Deutschen eine Rolle zu spielen. In der Alltagswelt ist ein Wettbewerb im »Denglisieren« (»Denglisch« = Deutsch-Englisch) ausgebrochen: In den Fußgängerzonen locken der »Hair Designer« mit »City Cut«, der »Back-Shop« mit »Coffee to go« und die Kaufhäuser mit »Fashion für Kids«, »Adventure-Hemden« oder »Highlander-Trekking-Rucksäcken«. Kaum zu überbieten ist die Platzierung einer «City Toilet McClean« (Bahnhofstoilette) neben einem »McDonald's«-Restaurant, womit es der Deutschen Bahn gelingt, den Gang der Dinge durch Magen und Darm »denglischsprachlich« auf den Punkt zu bringen.

Bisher wurden Lehnwörter immer in das deutsche Regelsystem integriert. Aus einem »Hobby« wurden mehrere »Hobbys«, die Mehrzahl von »Lady« auf Deutsch ist »Ladys«. In vorauseilendem Gehorsam verleibt sich der anglophile Deutsche inzwischen aber nicht nur zahllose englische Wörter, sondern auch die entsprechende englische Grammatik ein und schreibt selbstbewusst »Parties« und »Babies«. Einer dieser Auswüchse ist die Übertragung des englischen Genitiv-Apostrophs auf deutsche Genitive wie Opa's Schuppen. Inzwischen muss man an einigen Orten CD's und T-Shirt's kaufen, Kid's versorgen und Pizza's essen.

Eine weitere Änderung verdankt sich der »Political Correctness«, die man aus den USA importiert hat. Es wird unterstellt, dass Sprache eine diskriminierende Funktion hat. Während man in den USA immer neue Wörter für ethnische Bevölkerungsteile erfindet, um Diskriminierungen zu vermeiden, bemüht man sich in Deutschland, dem scheinbar durch die Sprache diskriminierten weiblichen Bevölkerungsteil gerecht zu werden, indem man Wörter feminisiert. Keine Ansprache, in der nicht auch die »Bürgerinnen«, »Zuhörerinnen«, »Mitarbeiterinnen« oder »Parteifreundinnen« angesprochen werden.

In den Amtssprachen haben die Gleichstellungsbeauftragten häufig das große I durchgesetzt, um Männer und Frauen in gleicher Weise zu berücksichtigen: »GeschäftsführerIn«, »MitarbeiterIn«, »ChefIn«, »AntragsstellerIn« etc., was allerdings dazu führt, dass die Wörter, wenn sie ausgesprochen werden, ausschließlich weiblich geworden sind. Vorsicht ist auch in der Anwendung dieser Regeln geboten, denn die politische Korrektheit erstreckt sich nicht auf Wörter wie »SchlägerInnen«, »BetrügerInnen«, »FaulenzerInnen« usw.

Wolf Schneider hat zudem darauf hingewiesen, dass auch noch keine Frau auf einem sinkenden Schiff beleidigt ertrunken ist, nur weil sie sich vom Alarmruf des Kapitäns »Alle Mann von Bord!« nicht angesprochen gefühlt hat.

Heute scheinen wir wieder einer Vereinfachung der Grammatik entgegenzugehen. Schon unsere mittelalterlichen Vorfahren hatten es geschafft, sich einiger für sie offenbar lästiger grammatikalischer Fälle (»Kasus«) zu entledigen, wie beispielsweise dem im Lateinischen gebräuchlichen »Ablativ« und der »Lokativ«. Inzwischen geht es dem Genitiv an den Kragen: In »wegen des …« wur-

Zum Weiterlesen

Astrid Stedje: ›Deutsche Sprache gestern und heute. Einführung in Sprachgeschichte und Sprachkunde‹. München (UTB), 1989.

Gudrun Brundin: ›Kleine deutsche Sprachgeschichte‹. München (Wilhelm Finck), 2004.

Bastian Sick: ›Der Dativ ist dem Genitiv sein Tod. Ein Wegweiser durch den Irrgarten der deutschen Sprache‹. Köln (Kiepenheuer & Witsch), 2004.

Nabil Osman: ›Kleines Lexikon der untergegangenen Wörter‹. München (C.H. Beck), 2002.

de der Genitiv umgangssprachlich schon durch den Dativ »wegen dem …« verdrängt, und der Duden hat seinen Segen dazu erteilt. »Wegen dir« statt »deinetwegen« wurde in den 80er Jahren durch Schlager populär gemacht. »Pauls Bruder« oder »seine Mutter« wird häufig durch »der Bruder von Paul« oder »die Mutter von ihm« ersetzt.

Auch der Konjunktiv II der starken Verben, z.B. »hülfe«, »gäbe«, »läge« ist auf dem Rückzug – ganz zu schweigen von dem Konjunktiv I der indirekten Rede (»er sagt, es *spiele* keine Rolle«), der in der Alltagssprache so gut wie gar nicht und selbst in der Medienberichterstattung immer seltener verwendet wird. Auch der Satzbau wird einfacher und kürzer: Die Anzahl der Nebensätze geht zurück, die Sätze werden weniger logisch gegliedert, eher aneinander gereiht. Stattdessen werden die »Nominalphrasen«, also die Wörter, die vom Nomen oder Substantiv abhängen, immer umfangreicher. Ein Beispiel: »Im Bereich der anwendungsbezogenen, in das Sozialmilieu integrierten Sprachfördermaßnahmen…«

»Wie hältst du's mit der Orthografie«, lautet die Gretchenfrage heute nach der deutschen Rechtschreibreform. Der aufwändige Eingriff in die deutsche Rechtschreibung hat gegen den Willen der Kultusbürokraten eines geschafft: Es ist wieder mehr erlaubt. Alte, neue Rechtschreibung und verschiedene individuelle Zeitungsrechtschreibungen existieren bunt nebeneinander.

Aber schließlich ist es ja noch nicht so lange her, dass das geschriebene Wort orthografisch diszipliniert wurde. Noch Goethe, der große Erneuerer der deutschen Sprache, hat sich je nach Laune »Göthe« oder als Hesse möglicherweise so geschrieben, wie er sich wahrscheinlich selber aussprach: »Gethe«. Bei den Engländern war es noch wilder, Shakespeare schrieb sich auch »Shakspere«, sein Vater gar: »Shackesper«, »Shackespere«, »Shakspyr«, »Shaxper«, »Chacsper« oder »Shaxberd«. Goethes Meinung zum Thema: »Wie dieses oder jenes Wort geschrieben wird, darauf kommt es doch eigentlich nicht an, sondern darauf, dass die Leser verstehen, was man damit sagen wollte.«

Wie auch immer man heute die Entwicklungen in der deutschen Gegenwartssprache beurteilt: In Anbetracht der verschlungenen Pfade, auf denen sich die deutsche Sprache bisher entwickelt hat, wird man sich wohl an die Vorstellung gewöhnen müssen, dass wir keineswegs am Endpunkt der Sprachgeschichte angelangt sind.

Sprache als Kunst

Sprache ist ein überaus nützliches Werkzeug, ohne das wir im Alltag nicht auskommen. Sie ermöglicht uns die Verständigung über Sachverhalte, den Austausch von Gedanken, Instruktionen und jede Art von Mitteilung. Sobald wir aber in den künstlerischen Bereich gelangen, spielt Nützlichkeit keine oder nur eine untergeordnete Rolle.

Das literarische Kunstwerk mag uns zwar indirekt nützlich sein, weil wir neue Erkenntnisse gewinnen, die Sprache des Kunstwerkes ist aber nicht hauptsächlich auf einen solchen Zweck hin ausgerichtet. Sie ist organischer Teil eines Körpers, der uns als Dichtung oder Literatur gegenübertritt. Dieser Körper unterscheidet sich in mancher Hinsicht von einem Zeitungstext oder einem Sachbuch, bei denen vor allem eine eindeutige Mitteilung oder Information an uns herangetragen wird. Genauso wichtig wie die Gestaltung des Inhalts ist im Kunstwerk die Formung der Sprache. Das Kunstwerk ist nicht ein Stück Wirklichkeit, genauso wenig wie die Musik, die bildende Kunst oder die Architektur.

Poiesis (griech.) ist das »Gemachte«. Das Werk ist Poesie und der Schöpfer Poet. Geschaffene Literatur hat wie andere künstlerische Werke auch ihre eigenen (ästhetischen) Regeln. Die alten Inschriften auf klassizistischen Theatergebäuden oder Museumsbauten, »dem Schönen und Wahren«, geben wieder, wie das Ziel der

Kunst einmal definiert wurde. Die Kunstauffassungen haben sich seither geändert. Haben die alten Werte aber vielleicht nicht doch im Kern überlebt? Ist nicht auch noch heute das Echte, Ursprüngliche, in sich Stimmige oder Bewegende das Ziel der Kunst?

Der Schriftsteller

Unser Zeitalter der Bestseller-Autoren kann sich ein Buch ohne Autor gar nicht vorstellen. Es ist für uns selbstverständlich, dass der Name des Verfassers oben auf dem Buchdeckel steht. Das mag in dunklen Vorzeiten, aus denen die Sagen und Märchen stammen, noch anders gewesen sein, doch schon lange gibt es die natürliche Neugier nach dem Urheber literarischer Werke. Wie unvollständig und arm wäre auch die Literaturwelt, wenn es außer der ›Göttlichen Komödie‹, dem ›Hamlet‹ und dem ›Faust‹ nicht auch die Dichtergestalten Dante, Shakespeare und Goethe gäbe.

Fälle, in denen die Autorenschaft nicht eindeutig festgestellt wurde, haben schon immer Literaturwissenschaftler zu detektivischen Recherchen nach den Urhebern herausgefordert. Die hinter ihren Werken verborgenen Dichter üben offenbar eine Faszination aus, der sich auch eine ganze Literatursparte, die Biografie, verdankt. Das liegt wohl daran, dass in Dichtung auch immer die dichtende Persönlichkeit eingeht, die – auch wenn sie nicht über sich schreibt – ihre sehr eigene Handschrift hinterlässt.

Eine bei Literaturstudenten beliebte Prüfungsaufgabe ist entsprechend die Ermittlung des Autors aus dem Text eines Werkes. Dazu bedarf es der Kenntnis, welche Stoffe, Motive oder Stile für den gesuchten Dichter typisch sind. Der Hauptzweck dieser spielerischen Beschäftigung mit der Form und den Inhalten von Literatur besteht aber darin, ein tieferes Verständnis der Texte zu gewinnen. Literatur existiert nicht ohne den Leser – erst der Leser haucht ihr Leben ein, indem er den Sinn der Texte deutet und begreift.

Inhalt – Stoff und Motiv

In den seltensten Fällen werden die Inhalte, denen wir in der Literatur begegnen, frei erfunden. Wenn wir die Königsdramen von Shakespeare lesen oder auf der Bühne sehen, dann werden wir auch mit dem geschichtlichen Hintergrund konfrontiert. Dichter benutzten meist ältere literarische Quellen, die sie dann verarbeiteten.

Dieses »Inhaltsmaterial« nennt man »Stoff«. Meist ist er an Figuren oder Ereignisse gebunden sowie zeitlich und räumlich festgelegt. Chroniken, Tagebücher, Briefe, Autobiografien, selbst Gerichtsprotokolle (Beispiel: Gretchen im ›Faust‹) haben Stoffe für Dramen und Romane geliefert. Manche Stoffe wie die Volkserzählung des Doktor Faustus wurden gleich mehrfach ausgebeutet (Christopher Marlowe, Goethe, Thomas Mann). Den Dichtern des 19. und 20. Jh. dienten auch Zeitungsartikel als ergiebige Quellen für ihre Romane (Flauberts ›Madame Bovary‹, Döblins ›Berlin Alexanderplatz‹).

Beim Stöbern in Schriftsteller-Autobiografien begegnet man auch weniger greifbaren Quellen wie mündlich überlieferten Geschichten, die den Autor beispielsweise in der Jugend nachhaltig beeindruckt haben. Was Literatur aber von Raubkopien unterscheidet, ist die Verarbeitung, die aus dem Stoff einzigartige Figuren oder Handlungen macht, die sich von dem Wirklichkeitsgehalt des Stoffes unterscheiden. Daher bedarf es in der Dichtung auch nicht des Hinweises: »Die Ähnlichkeit mit lebenden Personen ist nicht beabsichtigt.«

Wenn bestimmte Stoffe wenig verändert immer wiederkehren, dann nennt man das »Motiv«. Die unglückliche Liebe zwischen Kindern verfeindeter Familien etwa ist ein Beispiel, das auf ›Romeo und Julia‹ zurückgeht. Der passende Ring oder Schuh, der wie in ›Aschenputtel‹ die Richtige identifiziert, ist ebenfalls solch ein Motiv. In den Dramen des Sturm und Drang sind die verfeindeten Brüder ein immer wieder variiertes Motiv. Es gibt Motive, die man als Themen bezeichnen könnte, sie stehen dann im Zentrum eines Werkes, z.B. der Auszug eines jungen Mannes in die weite Welt. Auch Bilder, z.B. die Nacht, der Abschied, der Sonnenaufgang oder der strömende Fluss, können zu zentralen Motiven vor allem in lyrischen Werken werden, wenn sie eine Situation von zentraler Bedeutung erfassen.

Form

In fast allen Sprachen findet man insbesondere in frühen Dichtungsformen »Verse«. Ein Vers bildet aus einer Gruppe kleinster Lauteinheiten (den Silben) eine Einheit. Man kennt ihn als Abfolge von betonten und unbetonten Silben, »Hebungen« und »Senkungen«. In den klassischen Sprachen, also Griechisch und Latein, hingegen besteht der Rhythmus eines Verses aus »Kürzen« und »Längen« der Silben, wie z.B. im »Hexameter«. Einige dieser antiken Taktmaße oder Rhythmen wurden auch von den germanischen Literaturen übernommen.

Die bekanntesten sind der »Jambus« (»To be or not to be«), der mit einer Senkung beginnt, auf die eine Hebung folgt, und der »Trochäus« (»Rückwärts, rückwärts, Don Rodrigo«), der umgekehrt mit einer Hebung beginnt. Etwas komplexer ist der »Daktylus«, der mit einer Hebung beginnt, auf die zwei Senkungen folgen, sowie der spiegelbildliche »Anapäst« mit zwei Senkungen und einer Hebung. Die Verslänge bestimmt sich aus der Anzahl der Silbenzahlen oder durch die Anzahl der Hebungen und die Taktart. In der älteren Literatur fanden vor allem der »Alexandriner«, der sich aus zwei jeweils sechssilbigen Halbversen zusammensetzt, und der sechshebige »Hexameter« Verbreitung.

Die nächste höhere Einheit in der Versdichtung ist die »Strophe«. Sie fasst mehrere gleiche und verschiedene Verszeilen zu einer Gruppe zusammen. Bindemittel ist dabei oft der Reim. (»Es war der König in Thule/Gar treu bis an das Grab/Dem sterbend seine Buhle/Einen goldenen Becher gab.« Goethe) Klassische Strophentypen waren die »Stanze« und die »Ode«. Schließlich gibt es noch die eher seltenen kompletten Gedichtformen, die sich aus einer klar definierten Strophenform und -anzahl zusammensetzen, wie z.B. das französische »Rondel«, das italienische »Madrigal«, das arabische »Ghasel« und als wichtigste die aus dem Italienischen stammende Gedichtform des »Sonetts«. Dieses besteht aus zwei »Quartetten« und zwei »Terzetten«. Die jeweils aus vier Zeilen bestehenden Quartette stellen eine Art Einleitung oder das Problem, die jeweils dreizeiligen Terzette die Schlussbetrachtung bzw. Auflösung dar.

Die Metrik allein macht aber noch nicht den »Rhythmus« eines dichterischen Textes aus. Metrisch perfekte Dichtung ohne Rhythmus ist nur ein mechanisches Klappern. Freie Rhythmen sind durchaus in der Lage, jede Gedichtform zu sprengen, sie treten bisweilen auch als Prosa auf. Der Rhythmus, der schon als Herzschlag oder Atmung unser Leben begleitet, ist kein künstliches Konstrukt, er scheint den Menschen vielmehr angeboren zu sein. Wie anders lässt sich das Mitschwingen erklären, das man beim Lesen eines Gedichtes erlebt.

Wie der Rhythmus strukturiert auch der »Reim« die dichterische Sprache. Gleich lautende Wortendungen schweißen dichterische Verse an den Versenden zusammen, kreieren verwandtschaftliche Beziehungen zwischen Wortzeilen. Ein Reim kann auf einen vorangegangenen wie eine Antwort auf eine Frage folgen und so die Dichtung weiterweben. »Alliterationen« (auch »Stabreime«), also gleich anlautende Wörter (»in Büschen und Bäumen«) wirken auf ähnliche Weise sinnstiftend.

Das Typische einzelner oder zusammenhängender literarischer Werke versucht man als »Stil« zu erfassen. Auffällig sind vor allem wiederkehrende Abweichungen von der üblichen Sprachform, z.B. das wiederholte Weglassen von Artikeln, die Nachstellung von Adjektiven (»Röslein rot«) oder die Häufung von Verben oder Substantiven. Bestimmte Stile haben Traditionen gebildet und werden nach rhetorischen Figuren unterschieden. Hierzu gehört das Wortspiel, d.h. das Spiel mit dem Doppelsinn von Wörtern, die bildhafte Umschreibung oder die Ironie, die das, was sie sagt, kritisch hinterfragt oder gar entwertet.

Eines der bedeutungsvollsten Stilmittel in der europäischen Literatur ist die »Metapher«. Das eigentliche Wort wird durch ein fremdes ersetzt. »In meinem Herzen …« meint nicht das organische Herz, sondern ist ein anderes Wort für Gefühl. Oft sind Metaphern Vergleiche, bei denen das »wie« weggelassen wird.

Viele Metaphern sind schon in die Alltagssprache eingegangen, z.B. »Lebensabend«: Leben verhält sich zu Alter wie Tag zu Abend. Metaphern in sprachlichen Kunstwerken ersetzen die in der Alltagssprache verschlissenen Worte durch neue. Sie haben meist bildhaften Charakter und sagen etwas, was mit dem gewöhnlichen Sprachgebrauch nicht möglich wäre. Metaphern wie etwa »Mein Gedicht ist ein Messer« können Gedanken und Empfindungen freisetzen. Über ein Bild können sich noch weitere Bilder legen, so dass ein ganzes Metapherngeflecht entstehen kann.

Der Vergleich kann auch ganze Handlungsabläufe betreffen. Man nennt diese sprachlichen Kunstformen der Analogie »Gleichnis« oder »Parabel«. Die Bibel ist voller Gleichnisse, die in komprimierter Form Erkenntnisse enthalten. Gleichnisse und Parabeln verlangen das Mitdenken des Lesers. Sie wollen ihm nicht eine Erkenntnis mitteilen, sondern anregen, selber zu dieser Erkenntnis zu gelangen. Metaphorische und gleichnishafte Stile führen etwas unmittelbar vor (die) Augen.

Die »Allegorie« ist eine Spezialform der Metapher, eine alte literarische Ausdrucksform, in der religiöse Wahrheiten oder Lehrhaftes kundgetan wird. Allegorien sind Texte mit einer doppelten Bedeutung, von denen die eine erst entschlüsselt werden muss. Unmittelbar leuchten sie oft nur den Lesern ein, die in die allegorische Sprache eingeweiht sind. Um z.B. die Allegorien des Barock zu verstehen, braucht man heute Interpretationen. Allegorien sollten schwer Begreifbares verständlich machen.

Metaphorische Dichtung weist generell immer über das, was die Bilder zeigen, hinaus. Die Irrfahrten des Odysseus sind mehr als eine Abenteuerstory, sie können als Sinnbilder für die Erfahrungen im menschlichen Leben stehen.

Gattungen

Wie kann man über die Unzahl der Literaturen einen Überblick gewinnen? Zunächst sollte man sich klar machen, wodurch sich Literaturen voneinander unterscheiden und was ihnen gemeinsam ist. Wir nehmen dabei nicht die Alltagsliteratur, sondern die fiktionale Literatur ins Visier. Das sind die geschriebenen Texte, die sich von Berichten oder Sachtexten darin unterscheiden, dass sie vom Autor gestaltet werden.

In der fiktionalen Literatur ist das menschliche Erleben Ausgangspunkt für den sprachlichen Ausdruck, die Formen und Stile dieses Ausdrucks sind aber nicht willkürlich. Es gibt einige Grundmuster, die über die Jahrtausende in Europa entstanden sind und die sich bis heute erhalten bzw. weiterentwickelt haben. Die allgemeinen Kategorien, die man Gattungen nennt und zu denen es natürlich zahlreiche Untergruppen gibt, sind die epischen Formen, die Dramatik und die Lyrik. Natürlich sind dies keine Schubladen. Lyrik kann auch episch sein und Epik dramatisch. Eher sind es sehr allgemeine literarische Stile.

Epik

Epen sind Erzählungen. In den antiken Epen schilderten die Sänger ihren Zuhörern, was einmal geschehen war. Möglichst umfassend, sozusagen in »epischer Breite«, erzählten sie wunderbare und erstaunliche Geschichten, und in früheren Zeiten, in denen Sagen und Mythen noch lebendig waren, fanden sie ein Publikum, das ihnen gebannt über einen schier endlosen Zeitraum zuhörte, was uns heutigen, ans Zappen gewöhnten, kurzatmigen Lesern unvorstellbar vorkommt.

Unterstützt wurde die Wirkung der Erzählung durch die sprachlichen Rhythmen der sich immer wiederholenden Versmaße. Homers ›Ilias‹ (siehe S. 130) und ›Odyssee‹, Vergils ›Äneis‹ (30 bis 20 v. Chr.), Dantes ›Göttliche Komödie‹ (siehe S. 138) und Ariosts ›Orlando furioso‹ (1531) sind solche Epen, die sich allerdings hinsichtlich ihrer Kompositionen und natürlich auch Leserschaft sehr voneinander unterscheiden. Gemeinsam ist ihnen, dass der Erzähler von einem entfernten Standpunkt Ausschnitte der Welt schildert, diese aneinander reiht und zueinander in Beziehung setzt. Dabei sucht das in die Vergangenheit gerichtete Teleskop immer die Frage nach dem »Woher« zu beantworten.

Die überlieferten Sagen stehen auch in dieser Tradition. Die neueste Variante dieser Erzählform ist die Familiensage. Alle diese literarischen Großformen möchten möglichst viel von einer vergangenen oder zumindest nicht gegenwärtigen, reichen, bunten Welt erfassen.

Die uns heute bekannteste epische Form ist der Roman. Sein Erzähler hat nicht mehr den Rückhalt einer Welt der geglaubten Mythen und Sagen. Seine Welt ist entzaubert und kann daher nur nüchtern-prosaisch geschildert werden. Aus der Gemeinschaft der Zuhörer wurde der einsame Leser. Die Sphäre ist nicht das Öffentliche, sondern das Private. War die Perspektive des Epos noch die Totale eines Weltganzen, so gibt der Roman nur einen Wirklichkeitsausschnitt aus der persönlichen Wahrnehmung einer oder mehrerer Figuren. Diese Personen werden nicht nur äußerlich geschildert, sie kommen auch in der indirekten oder direkten Rede zu Wort.

Die Akzente von Romanen sind oft unterschiedlich gesetzt: Mal stehen das Geschehen, mal die Figur, mal die Orte im Vordergrund. Spätgriechische Autoren (Heliodor) haben den Liebesroman erfunden, der ebenso wie die Abenteuer- oder Schauerromane ein mehr oder weniger fiktives Geschehen gestaltet. In anderen Romanen steht eine Figur oder der Ich-Erzähler im Zentrum des Geschehens. Cervantes' ›Don Quijote‹ war der erste große Figurenroman eines Antihelden.

In späteren Romanen des 18. und 19. Jahrhunderts standen die Empfindungen einer Hauptfigur (Goethes ›Werther‹) oder die Entwicklung von Lebensschicksalen, wie man sie aus Autobiografien kennt, im Vordergrund. In Schelmen-Romanen wie Grimmelshausens ›Simplicissimus‹ (siehe S. 142), de Costers ›Till Ulenspiegel‹ oder Thomas Manns ›Felix Krull‹ wechseln die Hauptfiguren auch ständig die Orte, an denen ihnen laufend neue skurrile Erlebnisse widerfahren. Tolstoi, Fontane und Balzac haben den Gesellschaftsroman erfunden, in dem das Geschehen an verschiedenen Orten des sozialen Lebens stattfindet.

Man findet die unterschiedlichsten Mischformen und Ausgestaltungen dieser Grundformen in den moderneren Romanen seit Flauberts ›Madame Bovary‹. Romane wurden immer mehr zu Experimentierwerkstätten, in denen das Arsenal der Erzählformen wie Dialoge, Vorausdeutungen, Rückblenden, Zeitausdehnung oder Zeitraffung durch neue Techniken wie innere Monologe, Parallelhandlungen oder Textmontagen erweitert wurde. James Joyces ›Ulysses‹ (siehe S. 152) oder Alfred Döblins ›Berlin Alexanderplatz‹ können beispielhaft für diesen avantgardistischen Romantyp genannt werden.

Wenn von epischen Formen die Rede ist, darf natürlich die Erzählung nicht vergessen werden. Schließlich hat sie ja die epische Eigenschaft, erzählt oder vorgelesen werden zu können. Das verlangt eine Begrenzung des Umfangs. Formen der Erzählung können Balladen, Märchen, Novellen oder Kurzgeschichten sein.

Dramatik

Die Dramatik ist die literarische Gattung, die vielleicht am meisten Spuren in unserem Alltag hinterlassen hat. Davon zeugen nicht nur die städtischen Theater, sondern auch Riesenschlagzeilen wie »Familientragödie« oder »Ehedrama«. Wenn wir etwas dramatisch finden, dann leben in diesem Verständnis noch Spurenelemente der ältesten Dramenform, die wir im europäischen Raum kennen: der »Tragödie«. Hier werden wir als Zuschauer Zeugen menschlicher Katastrophen.

An Tragik kaum zu überbieten sind die antiken Dramen. Was sind schon die Gräuelgeschichten von heute gegen die Szenarien von damals, in denen die Mutter ihre Kinder tötet (Medea), der Vater seine Tochter (Agamemnon, Iphigenie), der Sohn seinen Vater (Ödipus) bzw. seine Mutter (Orest) usw. In diesen bluttriefenden Tragödien läuft alles auf das tragische Ende hinaus, und die betroffenen Menschen können diesem Schicksal nicht entrinnen. Sowohl die Täter wie die Opfer erscheinen als Spielbälle eines ominösen Schicksals. Über dem Menschen stehende Mächte haben ihre Hände im Spiel und offenbaren die Verstrickungen des Menschseins und ihr Ausgeliefertsein an eine höhere Ordnung.

Die Tragödie bietet den tragischen Helden, aber auch ein Forum, selbst im Untergang in ihrer Einzigartigkeit unsterblich zu werden. Denn schließlich sind sie es, die durch ihre Besonderheit das Schicksal herausfordern. Annehmbarere Lösungen boten die Tragödien, die im letzten Augenblick durch einen »deus ex machina« (einen völlig unerwarteten Helfer von außen) die Katastrophe noch einmal abwendeten, wie etwa in Kleists ›Prinz Friedrich von Homburg‹.

Doch unabhängig vom Ausgang weiß jeder Zuschauer, das Spiel auf der Bühne von der Realität zu unterscheiden, auch wenn ihn ein Stück zu Tränen rührt. Diese Distanz des Zuschauers nutzt Schillers Theater »als moralische Anstalt« oder Brechts »Episches Theater«, um den Zuschauer zum Nachdenken über sich und seine

Das antike Theater in Epidauros, 3. Jh. v. Chr.

Stellung in der Welt und Gesellschaft anzuregen. Eine in diesem Sinne reinigende Wirkung (»Katharsis«) haben in der Neuzeit auch die »Komödien«. Für das Komische scheint die Bühne wie geschaffen. Das beweist schon die Wirkung von Clownspäßen in Zirkusarenen. Lachen entlastet. In Komödien kann es Spannungen auflösen und somit Konflikte entschärfen, deren lächerlicher oder absurder Ursprung offenbar wird. Die Gesellschaftskomödie ist satirisch, Situationskomik kann anarchistisch, die Intrigenkomödie aufklärend sein. Beim grotesken Theaterstück kann es aber einem das Lachen schon verschlagen, wenn die Absurditäten der Welt drastisch vor Augen geführt werden. Die Botschaft des Grotesken ist: Die Welt ist aus den Fugen.

Vor allem die Helden der Neuzeit eignen sich für die Mischform von Tragödie und Komödie bzw. Lustspiel. Shakespeare war einer der wenigen, die sich schon damals über die bisher geltenden Gattungsgrenzen hinweggesetzt haben. Er hat die ihm eigenen dramatischen Formen geschaffen, die Ende des 18. Jahrhunderts zum großen Vorbild auch der deutschen Dichter wurden.

Ein Merkmal, das die Dramatik von anderen literarischen Gattungen unterscheidet, ist ihre Einheit von Raum, Zeit und Handlung. Um die »Illusion« auf der Bühne aufrechtzuerhalten bedarf es der Unmittelbarkeit und Wirklichkeitsnähe. Die Rede kommt unmittelbar und unverfälscht aus dem Mund des Schauspielers. Um die Aufmerksamkeit der Zuschauer bis zum Ende zu beschäftigen, bedarf es einer Spannung, die auf das Ende des Dramas hinzielt. Auch der formale Aufbau folgt allgemeinen Regeln. Das Drama setzt sich aus kleineren Einheiten, den »Szenen«, und aus größeren, den »Akten«, zusammen.

Lyrik

Der Ursprung der Lyrik ist das Lied. Die Gesänge in der Antike wurden von einem Saiteninstrument, der Lyra, begleitet. Das Gedicht hat sich von der Begleitmusik weitgehend emanzipiert. Es ist selber zu Musik geworden. Der musikalischen Form enstprechend beruht es auf Wiederholungen in der Lautung, also dem Reim gleich klingender Worte und Verse, oder dem Rhythmus, den das Metrum vorgibt.

Die lyrische Tradition hat die unterschiedlichsten formalen Regeln entwickelt, die für bestimmte Gedichttypen verbindlich wurden. Sie gelten für die Anzahl der Verse und ihre Anordnung in Strophen oder für die Typen der Metrik, d.h. die Anordnung langer und kurzer bzw. betonter und unbetonter Silben. Das Ergebnis erscheint dann oft losgelöst von dieser Ordnung, wie man ja beim Hören von Musik auch einen Gesamteindruck und nicht die Taktmaße und harmonischen Modulationen im Einzelnen wahrnimmt. Dennoch ist ein Gedicht ohne die dichterische Form nicht denkbar.

Von dem kunstvollen Gedicht gilt, was Mozart über seine Musik sagte: dass keine Note zu viel sei. Nicht nur die Entfernung eines Wortes, auch schon die einer Silbe könnte ein Gedicht zerstören. Die Musikalität und die Bedeutung der Worte machen zusammen die Lyrik aus. Es gibt strengere kunstvollere Formen des lyrischen Ausdrucks, wie sie z.B. in der Renaissance mit dem Sonett auftauchen, und es gibt die freien Rhythmen oder die moderne Lyrik, deren innere Form sich an gar keine Regeln hält. Oft sind es aber auch dichterische Grundhaltungen oder Grundgestimmtheiten, denen man in der lyrischen Tradition etwa in den Hymnen oder Oden begegnet. Diese Grundgestimmtheiten können Lobpreis, Jubel, Klage, Anklage, Bitte, Gebet oder Zuspruch sein.

Ein Einzelner, meist der Dichter selbst, setzt sich zu einem Gegenüber – einem Du – in Beziehung, das kann ein Mensch (Liebeslyrik) oder die Natur (Naturlyrik) sein, es kann aber auch zu einer Verschmelzung von Ich und Welt kommen, wenn der besungene Gegenstand vom lyrischen Ich durchdrungen wird. Lyrisch ist ein Gedicht vor allem, wenn die Stimmung eines Ichs sich in dem Ausdruck verdichtet. Es verhält sich also immer ein lyrisches Ich pathetisch, trauernd, anbetend oder auf sonstige Weise zu einem Gegenüber. Diese Stimmung, Atmosphäre, das Gefühl überträgt sich auf den Leser, wenn er sich vom Gedicht tragen lässt und mit dem dichterischen Ich ein Herz und eine Seele wird.

Die Kommunikation zwischen Seele und Welt kennt offenbar keine Grenzen. Nahes, Fernes, Vergangenes und Künftiges holt sie in den Moment der Lektüre oder des Vortrages hinein. Das schafft das Gedicht nicht durch Gedanken, sondern durch Empfindungen, die im Leser oder Hörer angeregt werden. Neben dem Ohr können auch andere Sinnesorgane angesprochen werden. Bilder, Berührungen, Töne, einzeln oder in Kombination (als »Synästhesien«), rufen komplexe Eindrücke hervor, die die Wirkung des Gedichts unterstützen.

Wichtige Epochen

Literatur existiert nicht losgelöst von der jeweiligen Zeit, in der sie entsteht. Sowohl ihre Gegenstände und Motive als auch ihre Formen sind in das gesellschaftliche und geistige Leben der jeweiligen Zeit eingebettet. Im europäischen Vergleich setzt die Verschriftlichung deutscher Literatur vergleichsweise spät – Ende des 11. Jahrhunderts – ein.

Vorher gab es schon eine mündliche Literatur der germanischen Heldenlieder, schriftlich fixiert wurde aber nur das Hildebrandlied (um das Jahr 800). Es wurde wie fast alle anderen Texte in einem Kloster auf Lateinisch niedergeschrieben. Bis zur Renaissance war das Lateinische die Bildungsnorm in Deutschland. Die meisten wichtigen literarischen und wissenschaftlichen Texte wurden in dieser Sprache abgefasst, denn die römisch-christliche Kultur war für die Schriftsteller und Gelehrten in ganz Europa vorbildlich. Das lag daran, dass sich die germanischen Stämme über Jahrhunderte an die römische Kultur angepasst hatten.

Die neue deutsche Kultur unter Karl dem Großen wurde zwar römisch-germanisch, ruhte aber v. a. auf den Schultern der Kirche. Die deutsche Bevölkerung blieb lange Zeit gespalten in eine gebildete, lateinisch schreibende und lesende Minderheit und eine schriftunkundige, nur deutsch sprechende Mehrheit.

Die Anfänge der deutschen Literatur 1150–1450

Erst ab 1150 entwickelt sich eine eigenständige deutschsprachige Literatur, die Ritterdichtung, die auch noch sehr viel später durch die Musik Richard Wagners einen weltweiten Publikumserfolg haben sollte. Prachthandschriften wie ›Parzival‹ und ›Tristan‹ oder die große ›Heidelberger (Manessische) Liederhandschrift‹ demonstrieren, dass im Hochmittelalter neben die lateinische Kultur der Kirchenmänner eine deutschsprachige Laienkultur trat.

Nachdem man sie gesungen und gedichtet hat, hat man sie auch aufgeschrieben, die großen Namen jener Zeit sind Hartmann von Aue (›Erec‹, 1180/85), Wolfram von Eschenbach (›Parzival‹, 1200/1219), Gottfried von Straßburg (›Tristan‹, 1210) und Walther von der Vogelweide. Sie schufen eine deutsche Literatur von europäischem Rang, in ihr verbindet sich christliche Gesinnung mit antiken Tugenden. Treue, Güte, Tapferkeit, Mildtätigkeit und Maß sind die ethischen Idealvorstellungen dieser höfisch-ritterlichen Gesellschaft, der Ritter ist an Gott und an seinen Lehnsherrn gebunden. In der Minnedichtung verehrt der höfische Ritter eine edle Dame, die für ihn aber unerreichbar ist.

Mit den Kreuzzügen bekommt die Dichtung stärkere religiöse Bezüge. Mut und Todesverachtung werden gepriesen, und das Abenteuer ist die Bewährung. Es gibt aber auch kritische Stimmen, die sich gegen falsche Ruhmsucht und den übertriebenen höfischen Frauenkult wenden.

Walther von der Vogelweide etwa maß die höfischen Ideale an der Realität und kritisierte Verfallserscheinungen im Ritterstand. Zugleich entwickelte er die Vision eines auf Frieden, Recht und Sitte beruhenden Kaiserreiches. Konsequenterweise legte er sich mit dem Papst an, der ein starkes Reich verhindern wollte. Walther schuf sowohl eine politische Lyrik als auch eine besondere Form des persönlichen Liebesliedes, das sich von dem stilisierten Minnesang unterscheidet.

Dichtungen, die den höfischen Minnesang parodierten, kamen später aus dem nicht-höfischen, städtischen und bäuerlichen Milieu. Standesvertreter werden im ›Stricker‹ mit ihren menschlichen Schwächen auf die Schippe genommen, in Trinkliedern wurden die Freuden der Völlerei anschaulich gepriesen. Die Spannung zwischen Weltfreude und Todesangst verschärfte sich dann im späten Mittelalter nach den Erfahrungen der Pestjahre. Angesichts der Vergänglichkeit wurde zur Besinnung gemahnt, und die höfischen Tugenden erlebten eine Renaissance. Oswald von Wolkenstein verband in seinen Balladen und Reiseliedern weltoffene Lebensfreude mit christlichem Glauben. Die alten Helden- und Ritterdichtungen werden im ausgehenden Mittelalter aufgegriffen und umgedichtet. Das Bild des höfischen Ritters bleibt bis zum 15. Jh. tugendhaftes Ideal, allerdings gibt es eine Hinwendung zur politischen und sozialen Wirklichkeit. Konrad von Würzburg beklagt das Versagen der Minne als Erziehungsfaktor und kritisiert die Rechtsunsicherheit und das gewalttätige Treiben der Raubritter seiner Zeit.

Hartmann von Aue thematisiert den Verlust ritterlicher Tugenden vor dem Hintergrund der Verfallserscheinungen in der Welt und verbindet Kritik mit Lehren an die »jungen Herren«. Im sozialen Milieu der aufkommenden gebildeten Stadtbürger entstehen

---

Wichtige Dichter

Frühes Mittelalter – höfische Ritterdichtung (Ritterroman) und Minnedichtung (Liebesdichtung):

Hartmann von Aue, Wolfram von Eschenbach, Gottfried von Straßburg, Walther von der Vogelweide.

Spätes Mittelalter – geistliche und weltliche Literatur:

Hugo von Trimberg, Meister Eckhart, Heinrich Seuse, Johannes Tauler, Mechthild von Magdeburg, Nikolaus von Cues, Oswald von Wolkenstein, Konrad von Würzburg, Frauenlob (Heinrich von Meißen), Hugo von Montfort, Neithart von Reuenthal, Johannes von Tepl.

Abbildung aus dem Codex
Manesse, 14. Jh.

vom Ritterstand unabhängige allgemeine Moralvorstellungen, die die christliche Lehre in den Alltag übersetzten. In kurzen Erzählformen, Versnovellen, Legenden, Predigten, Satiren, Schwänken und Anekdoten wird mit naiver Erzählfreude das bunte Welttreiben in seiner Vergänglichkeit zum Thema.

Allmählich weitet sich die Kritik in der Literatur des späten Mittelalters auch auf den aufkommenden Geldadel aus: Recht und Ordnung werden in einer Welt verkehrt, in der die Macht des Geldes die Menschen korrumpiert. Die Literatur wird schließlich gebrauchs- und volksnah. Fastnachtsspiel, Volkslied, Meistersang und geistliches Lied, Reise- und Lehrbücher, Chroniken bedienen die unterschiedlichsten Interessen.

Einzigartig steht Johannes von Tepls ›Ackermann aus Böhmen‹ im ausgehenden Mittelalter als ein Werk da, das einen eigenen Stil entwickelt hat. Der Aufbau, die Komposition und die Gestaltung der Sprache unterscheidet diese neue Kunstprosa von der damals gängigen Gebrauchsliteratur. Eine neue Literaturform haben auch die großen christlichen Mystiker im ausgehenden Mittelalter gestaltet: Meister Eckhart, Johannes Tauler und Heinrich Seuse. In ihren Laienpredigten, mit denen sie sich an ein Massenpublikum richteten, versuchten sie das Nichtsagbare der Gotteserfahrung in Sprache zu fassen.

Der Sagenschatz und die Welt der Märchen – Literatur ohne Zeit und Autor

Mit der Nibelungentreue können wir heute nicht mehr viel anfangen, und auch der alte Kyffhäuser, Kaiser Barbarossa, der in einem Berg verborgen darauf wartet, Germania zu befreien, ist uns heute suspekt. Unsere Sichtweise der altgermanischen Sagen ist eben nach dem Zweiten Weltkrieg nicht mehr unbelastet, wofür die Sagen, die über 1000 Jahre vorher entstanden, aber weiß Gott nicht viel können. Immerhin war es ein Deutschlandkritiker jüdischer Abstammung, Heinrich Heine, der eine alte deutsche Sage, die ›Loreley‹ populär gemacht hat.

   Die Faszination an der Sagenwelt hat auch heute nicht nachgelassen. Die Suche nach dem Nibelungenschatz etwa ist großen Zeitschriften Titelgeschichten wert, auch in der großen Nachfrage nach Fantasy-Literatur kommt ein scheinbar sehr menschliches Bedürfnis zum Ausdruck. Schon in den vergangenen Epochen neigten Menschen offenbar dazu, sich in andere Zeiten und Räume hineinzuträumen.

   Oft war es der Traum von Welten, die vollkommener als die Gegenwart waren. Man träumte sich damals in die allerfernsten Vergangenheiten, die Helden waren größer und stärker, die Bösewichter und Ungeheuer erschreckender, je weiter man in die Vergangenheit zurückging. Dort sind auch Zaubereien und jenseitige Wesen angesiedelt. In Sagen und Märchen herrschen andere, eigene Wirklichkeiten, Sagen sind aber nie ohne Wirklichkeitsbezug: Sie berichten von Ereignissen und Erlebnissen, als wären sie wirklich geschehen, denn nur so können sie die Verbindung von der Gegenwart zum Jenseitigen herstellen. Die Sage erzählt von der Begegnung mit Unterirdischen, mit Wald- und Wasserwesen, Riesen und Zwergen. Sie weist auf Bedeutendes und Merkwürdiges hin und macht den Zuhörern oder Lesern den Abgrund unter dem dünnen Eis der Realität bewusst. Sie haben daher auch eine warnende Funktion. So können wir die verheerende Nibelungengeschichte auch lesen.

Die Sagenmenschen, ob sie nun der fernen Vergangenheit entstammen oder der Gegenwart, laden zur Identifikation ein, weil sie sehr menschlich fühlen und handeln. Man identifiziert sich mit ihnen auch dann, wenn sie sich für die falschen Lösungen entscheiden oder gar ihrem Verderben entgegenlaufen. Man möchte wohl den Film zurückdrehen, die Neugier aber fesselt hier genauso wie bei einem Krimi oder Horrorfilm.

In früheren Zeiten, als es noch keine Autorenrechte gab, war wichtiger, was erzählt wurde, als die Frage, wer der Urheber war oder wann sie entstanden sind. Sagen lebten wie die Märchen vom Weitererzählen. Im Unterschied zum Volksmärchen haben sich in den Sagen Handlungsstränge, Figuren und Motive nach und nach ausgebildet. Die Sage scheint daher ihren Stoffen nach eher eine Schöpfung des Volkes als eine Einzelleistung zu sein, auch wenn sie wie im Fall des Nibelungenliedes von einem Autor zu einem Stück Literatur verarbeitet wurde.

Viele Sagen entstanden während der Völkerwanderung (375–568). Sagenkreise lassen sich grob geografisch festmachen: ostgotischer (Dietrichsage, Hildebrandsage), alemannischer (Walther und Hildegund), westgotischer (Hunnenschlacht), nordgermanischer (Beowulf, Wieland, Hilde und Gudrun) und burgundischer Sagenkreis (Nibelungen).

Die deutsche Romantik wurde von diesen ursprünglichen Stoffen inspiriert. Das Sammeln von Volksliedern, Sagen und Märchen, aber auch das Weiterdichten wurde zur Mode. Bis in die Mitte des 20. Jahrhunderts gehörte vor allem die Sagensammlung Gustav Schwabs zum Bücherbestand von Jugendlichen. Weniger bekannt ist die von den Brüdern Grimm herausgegebene Sagensammlung.

Warum ist das Erzählen von Märchen so schwierig? Die Figuren lassen sich schwer beschreiben, in der Handlung sind Details wichtig, und es gelingt kaum, den richtigen Stil zu treffen. Märchen sind eine sehr hochentwickelte Kunstform, was man oft unterschätzt, wenn man sie als »Kinderliteratur« betrachtet. Sie sind nicht auf Ländergrenzen beschränkt, sondern fanden in ganz Europa Verbreitung, einen Überblick hierzu bietet Max Lüthi in ›Das europäische Volksmärchen‹.

Dennoch zeichnet sie etwas Gemeinsames in der Form aus, was man auf Anhieb als »märchenhaft« wiedererkennt. Märchen verbinden mit einer geradezu kindlichen Selbstverständlichkeit das Wunderbare mit dem Realen, das Nahe mit dem Fernen. Sie schaffen dabei eine Welt mit eigener Prägung. So sind die Wunderdinge nicht einfach nur da, sondern sie haben eine bestimmte Funktion, etwa dem Märchenhelden bei der Bewältigung seiner Aufgaben zu dienen. Auch Zahlen, meist die Dreizahl der Aufgaben oder Gaben, strukturieren die Erzählung. Märchen lieben bestimmte Motive, die Lösung schwieriger Aufgaben oder den Kampf mit dem Ungeheuer ebenso wie bestimmte Figuren: Könige, Prinzessinnen, Waisen und Stiefkinder. Bei all ihrer Wirklichkeitsferne sind sie uns doch nah.

Die Wissenschaft hat versucht, Märchenelemente psychologisch zu deuten, ähnlich wie Träume, mit denen sie auffallend ähnliche Strukturen haben. Die Volkskunde nimmt Märchen als wichtige kultur- und geistesgeschichtliche Zeugnisse früherer Zeiten ernst, von ihr gibt es auch einen Erklärungsversuch, warum sie heute vor allem die Kinder faszinieren. Ursprünglich waren sie demnach nicht für Kinder geschaffen worden, sondern entstammen aus einer sehr frühen (gleichsam kindlichen) Kulturstufe der Menschheitsentwicklung, deren Denken sie reflektieren. Die zeitlichen Einordnungen der Ursprünge reichen von der indogermanischen Kultur

Gerade die Literatur der Märchen und Volkssagen weist uns, mit oft erschreckenden Übereinstimmungen, mächtig auf ein Überdimensionales, auf den Begriff der Menschheit.«
Hermann Hesse

bis zurück in die jüngere Steinzeit. Dass die Märchen noch heute auch Erwachsene faszinieren können, ist ein Beleg ihrer Kunstfertigkeit.

Generationen von Dichtern in ganz Europa waren mit der Sammlung und Herausgabe von Volksmärchen beschäftigt. Charles Perrault hat 1696/97 damit angefangen, die Überlieferungen in Frankreich populär zu machen. Im 18. Jh. schreibt Wieland die ersten Kunstmärchen, in der Klassik verfasst Goethe Märchendichtungen. Für die Romantiker schließlich wird das Märchen zur vorbildhaften Literaturform.

Das Sammeln von Märchen wurde zur Mode, es machte auch die Brüder Grimm bekannt, die 1812 und 1815 eine Sammlung herausbrachten, welche zur Grundlage der ›Kinder- und Hausmärchen‹ wurde.

Die Literatur des Barock (1600–1720)

In der Barockzeit unternahm Martin Opitz den Versuch, das Sammelsurium an literarischen Ausdrucksformen, die teilweise aus Italien, Frankreich und Spanien stammten, wie das Sonnet, die Ode oder das Epigramm, systematisch zu erfassen und für die deutsche Literatur fruchtbar zu machen. Opitz sah sich mit seinem Regelwerk für die deutsche Dichtung, dem ›Buch von der deutschen Poeterey‹ (1624), als Wegbereiter einer deutschsprachigen Literatur.

Albrecht Dürer: ›Melancolia I‹, 1514.

»Barock« geht auf das portugiesische Wort »barocca« zurück, das »unregelmäßige Perle« bedeutet. »Manieriert« nannte man den Stil einiger barocker Architekten, Maler und Literaten und meinte damit einen unausgewogenen künstlerischen Stil: Er gibt das zwischen Lebensfreude und Weltschmerz schwankende Lebensgefühl im 17. Jahrhundert wieder.

Die Übernahme »ausländischer« Formen betrachtete er dabei nicht als Widerspruch. Schließlich waren die literarischen Stile in anderen Ländern weiter entwickelt. Es ging ihm wie den neu gegründeten Sprachgesellschaften um die Aufwertung des Deutschen als Dichtersprache.

Neben den aus Italien und England importierten Schäfer- und Staatsromanen entwickelten sich in Deutschland die Schelmen- und Abenteuerromane. Diese beziehen sich auf die Erlebnisse im Dreißigjährigen Krieg 1618 bis 1648, in dessen Verlauf weite Teile Deutschlands verwüstet wurden und ein Drittel der Bevölkerung ums Leben kam. Meist sind es Ich-Erzähler, Antihelden, die von den schwierigen Lebensumständen und dem Elend berichten, in dem sie aufgewachsen sind, und wie sie sich mit rechten und unrechten Mitteln durchs Leben schlagen. In die Darstellung fließen humorvolle und pessimistische Züge ein.

Das herausragende Beispiel dieses Romantyps ist der ›Simplicissimus‹ von Grimmelshausen. Christian Reuter setzte diese Tradition mit seinem Roman ›Schelmuffsky Curiose und Sehr gefährliche Reiße-Beschreibung zu Wasser und Land‹ (1696) fort. Der Ich-Erzähler ergeht sich hier in maßlosen Aufschneidereien und grotesken Übertreibungen, bei denen er sich ständig als Lügner und letztlich wahrer Schelm entlarvt, der dem Leser einen Bären aufbinden will. Auch das

Wichtige Dichter des Barock

Martin Opitz, Andreas Gryphius, Hans Jakob Christoffel von Grimmelshausen, Angelus Silesius, Paul Gerhardt, Christian Hofmann von Hofmannswaldau, Friedrich Spee von Langenfeld.

Theater wurde im Barock populär. Es gab das belehrende Theater (Jesuitendrama), das eher prunkvoll ausgestattet war und an die hundert Schauspieler auf die Bühne brachte. Andreas Gryphius knüpfte mit Komödien an das englische Lustspiel, namentlich Shakespeare, an und schrieb einige Trauerspiele. Er kam wie viele andere Barockdichter aus Schlesien (Glogau). Am bekanntesten sind allerdings seine Gedichte. In ihnen erhält man eindrücklich eine Vorstellung vom Lebensgefühl des barocken Menschen. Angesichts der Konfrontation mit dem Tode wird die Eitelkeit (»Vanitas«) der Welt offenbar, wie Gryphius' kunstvoll gestaltete Sonette zeigen:

> Du sihst / wohin du sihst nur Eitelkeit auff Erden
> Was diser heute baut / reist jener morgen ein:
> Wo itzund Städte stehn/ wird eine Wisen seyn /
> Auff der ein Schäfers-Kind wird spilen mit den Herden
> (aus: ›Es ist alles eitel‹, 1650)

Lieder und Dichtungen jener Zeit suchen auch Trost zu spenden. Es enstehen die bekannten Kirchenlieder des Protestanten Paul Gerhardt und die mystische Dichtung des konvertierten Katholiken Angelus Silesius (Johann Scheffler), der ›Cherubinische Wandersmann‹ (1675).

Typisch für die Barockliteratur sind so genannte Embleme – Sinnsprüche, die mit Bildern kombiniert werden. Die Sprüche werden erst durch die Bilder, die ein Ereignis darstellen, in ihrer tieferen Bedeutung verständlich.

Ein dichterisches Gegenstück zur barocken Melancholie stellt die Lyrik des Christian Hofmann von Hofmannswaldau dar. In ihr wird sinnliche, ausschweifende Liebe freizügig geschildert.

Aufklärung (1720–1785) und Empfindsamkeit (1740–1790)

Der Wiederaufbau nach dem Dreißigjährigen Krieg machte viele kleine Fürstenhöfe zu Mittelpunkten des gesellschaftlichen und kulturellen Lebens. Die Ordnung wurde wiederhergestellt. Wer Schriftsteller war, passte sich an die höfischen Umgangsformen an. Frankreichs absolutistische Monarchie wurde zum Vorbild. Die Aufklärung bereitete sich vor. Mit dem Ende der Barockzeit entstanden verschiedene literarische Strömungen. Sie wurden teils vom Pietismus, einer protestantischen Bewegung, teils vom heiteren Charakter des Rokoko, mit dem man heute einen spielerischen Architekturstil verbindet, beeinflusst.

Neu-religiöse Dichtungen wie Friedrich Gottlieb Klopstocks biblisches Heldenepos ›Messias‹ stehen neben einer von religiösen und moralischen Ansprüchen freien »Anakreontik« (eine unbeschwerte, an dem Dichter Anakreon orientierte Odendichtung, die die heiteren Seiten des Lebens besingt). Beide Strömungen beeinflussten die Literatur der Aufklärung und Empfindsamkeit.

Was ist Aufklärung? Der Königsberger Philosoph Immanuel Kant gab die berühmte Antwort: »Aufklärung ist der Ausgang des Menschen aus seiner selbstverschuldeten Unmündigkeit.« Man soll den Mut haben, seinen eigenen Verstand zu benutzen, ohne sich der Leitung anderer zu bedienen. Aufklärung war in erster Linie eine Idee, die sich aus einem selbstbewusst werdenden Bürgertum entwickelte. Vor allem sächsische Städte und der preußische Hof Friedrich des Großen waren die Orte, an denen sich aufgeklärte Literatur und Gelehrsamkeit entwickelte. Auch die wichtige Handelsstadt Zürich spielte für das literarische Leben eine besondere Rolle. Leipzig und Halle wurden mit ihren Universitäten zu Zentren der Bildung und Wissenschaft.

Man versuchte die Wirklichkeit wissenschaftlich zu erfassen und zu ordnen. Nach Diderots französischem Vorbild erschien das erste deutsche Lexikon (›Zedlersches Lexikon‹), es wurden Lesegesellschaften und Zeitschriften gegründet, darunter auch die ersten deutschen Literaturzeitschriften. Das Bedürfnis, alles zu systematisieren und philosophisch zu begründen, ergriff auch den literarischen Bereich. Johann Christoph Gottsched verfasste ein Regelwerk für aufgeklärte Dichtkunst (›Versuch einer Kritischen Dichtkunst für die Deutschen‹, 1730), in dem er seine Normen aus dem Nachahmungsbegriff des Aristoteles ableitet.

Damit löste er einen Literaturstreit aus. Die eine Seite, also Gottsched, orientierte sich an den eher strengen Formen der französischen Literatur, während die andere Seite, die Schweizer Bodmer und Breitinger, der dichterischen Fantasie nach dem Vorbild der Engländer (Miltons ›Paradise Lost‹) mehr Raum geben wollte. Dies war auch die Zeit, in der Shakespeares Dramen in Deutschland entdeckt und zum Vorbild erhoben wurden.

Der bebeutendste deutsche Aufklärer Lessing nahm zwar Anregungen aus England auf, entwickelte aber bald eine eigene Dramenform, das bürgerliche Trauerspiel. Das Drama wird politisch, indem es nicht mehr Herrscher und Fürstenfiguren, sondern einfache Bürger zu den Helden macht und die Ungerechtigkeit in der Ständeordnung kritisiert. Ein scharfsinniger Aufklärer in der zweiten Hälfte des 18. Jahrhunderts war auch Georg Christoph Lichtenberg. Er führte in die deutsche Literatur den Aphorismus ein. Diese Textminiaturen (am bekanntesten sind die ›Sudelbücher‹), die er »Gedankensplitter« nannte, nehmen fast alle Bereiche des menschlichen Lebens aufs Korn.

Der sehr kopflastigen Aufklärung des Verstandes schloss sich eine Bewegung

---

Wichtige Literaten Dichter

Aufklärung: Johann Christoph Gottsched, Johann Jakob Bodmer, Johann Jakob Breitinger, Gotthold Ephraim Lessing, Friedrich Nicolai, Moses Mendelssohn, Georg Christoph Lichtenberg.

Empfindsamkeit: Friedrich Gottlieb Klopstock, Johann Heinrich Voß, Christian Fürchtegott Gellert, Sophie von La Roche, Gottfried Schnabel, Christoph Martin Wieland, Matthias Claudius.

an, die die Bildung des Herzens als ihre Aufgabe sah. »Empfindsam« wurde in der zweiten Hälfte des 18. Jh. zum Modewort, welches der Epoche denn auch den Namen »Empfindsamkeit« eingebracht hat. Man beschäftigte sich mit der Innenwelt der Gefühle, analysierte sich und andere. Erfahrungsseelenkunde war der Anfang einer psychologischen Wissenschaft. Ein Vorbild dieser literarischen Strömung war Klopstock, seine Verse hatten Kultcharakter. Göttinger Studenten nannten ihren Freundschaftsbund nach einer Ode des Dichters »Göttinger Hain«, ihr bekanntestes Mitglied war der berühmte Homer-Übersetzer Voß.

Empfindsame Literatur trat in verschiedenen Formen auf: als Brief, Briefroman, Tagebuch, Bekenntnisliteratur oder Fabel. Gellerts Lehrgedichte und eine Sammlung von Klopstocks Oden gehörten ebenso dazu wie der erste empfindsame Frauenroman von Sophie von La Roche. Es war die Zeit, in der Romane populär zu werden begannen. Große Publikumserfolge hatten die Romane Schnabels (›Die Insel Felsenburg‹, ein utopischer Abenteuerroman) und Wielands (›Die Geschichte des Agathon‹, ein Bildungsroman). Ein Außenseiter, der im Verborgenen schrieb und seine Gedichte anonym herausgab, war Matthias Claudius. Am bekanntesten ist noch heute sein Gedicht »Der Mond ist aufgegangen …« Vor allem Goethes ›Werther‹ (1774) stellt einen Höhepunkt der empfindsamen Dichtung dar, mit dem die Epoche aber auch langsam ausklingt. ›Werther‹ ist schon das Manifest eines dichterischen Aufbruchs zu neuen Ufern, dem »Sturm und Drang«.

Sturm und Drang (1767–1785)

Im Jahre 1770 traf sich erstmals eine Gruppe junger Dichter in Straßburg, sie fühlten sich durch gemeinsame Ideen verbunden und wollten die Literatur revolutionieren. Unter ihnen war der junge Goethe und als Mentor der schon bekannte Literaturkritiker, Sprachphilosoph und Theologe Johann Gottfried Herder. Die Aufbruchsbewegung wurde nach dem gleichnamigen Drama eines der Gruppenmitglieder, Friedrich Klinger, mit »Sturm und Drang« bezeichnet.

Wichtige Dichter des Sturm und Drang

Johann Wolfgang Goethe, Friedrich Maximilian Klinger, Jakob Michael Reinhold Lenz, Heinrich Leopold Wagner, Johann Heinrich Jung, Friedrich Schiller, Gottfried August Bürger.

Ein anderer Begriff bezeichnet diese kurze Epoche als »Genie-Zeit«. Mit »Genie« ist in diesem Verständnis ein Lebensgefühl gemeint, das sich über Standesgrenzen und Regeln hinwegsetzt, weil es Individualität, Verstand, Natur, Kraft und Leidenschaft in sich vereinigt. Goethe ließ sich von der Genialität des Erbauers des Straßburger Münsters sowie von dem Genie Shakespeares begeistern: »Und ich rufe: Natur! Natur! nichts so Natur als Schäkespears Menschen.« Das individuelle Genie hockt nicht in der Bücherstube und verdingt sich nicht als Sekretär am Hofe, sondern ist ein freier, unabhängiger Autor.

Diese Einstellung schien den jungen Schriftstellern angesichts der vielen neu gegründeten Verlage und Zeitschriften möglich, die ein wachsendes Lesepublikum mit Literatur versorgten. Realistisch war sie dennoch nicht. Das zeigte sich besonders an der Biografie des Jakob Michael Reinhold Lenz, der nach einem abgebrochenen Studium der Theologie von adeligen Brotgebern abhängig blieb, schließlich in eine schwere Krise geriet und in Elend an einer Krankheit starb.

Trotz ihres revolutionären Auftretens knüpfen die »Stürmer und Dränger« an die Aufklärung und Empfindsamkeit an. Auch die Sturm-und-Drang-Dramen appellieren an den Verstand: Ihre Helden sind bürgerlich, zeichnen sich durch Intelligenz wie durch Bildung des Herzens, allerdings auch durch eine gewisse Ursprünglichkeit aus. Gekünstelte Dichtung ist den Sturm-und-Drang-Dichtern zuwider. Goethes ›Götz von Berlichingen‹ ist ein

Kabale und Liebe

ein

bürgerliches Trauerspiel

in fünf Aufzügen

von

Fridrich Schiller.

Mannheim,
in der Schwanischen Hofbuchhandlung,
1784.

›Kabale und Liebe‹,
Titelseite des Erstdrucks,
1784.

solches Urgestein, das einer höfisch-dekadenten Zeit die Stirn bietet.

Goethes Straßburger Kommilitonen, die Dichter Klinger, Wagner, Jung (›Stilling‹), Müller, Lenz und Leisewitz, kamen aus einem kleinbürgerlichen Milieu. Das Ausbrechen aus den beengenden Verhältnissen, die damit verbundenen Familien- und Generationenprobleme gingen auch als Stoff in die Sturm-und-Drang-Dramen ein. Klassisch wird der Bruderzwist, den Klinger zum zentralen Thema seines Dramas ›Die Zwillinge‹ (1776) macht und der mit Mord und Totschlag endet. Das Motiv wird später von Schiller in seinen

›Räubern‹ aufgegriffen. Die Idylle der bürgerlichen Familie erhält einen Riss.

Es wurden vom Sturm und Drang aber auch soziale Missstände aufgegriffen. In Anknüpfung an das bürgerliche Trauerspiel prangert Lenz im ›Hofmeister‹ die Unterdrückung des abhängigen Privatlehrers im Haushalt eines Edelmannes an.

Die »Stürmer und Dränger« hatten eine Vorliebe fürs Theater, aber sie schrieben auch Prosastücke, moralische Erzählungen und Romane. Einen durchschlagenden Erfolg hatte Goethes ›Die Leiden des jungen Werther‹. Der Freitod ist hier die einzig verbleibende Form der Selbstbestimmung und ein Protest gegen die Welt. Auch in der Lyrik leistete Goethe für den Sturm und Drang Programmatisches im Sinne des schöpferischen Genies. In der Prometheus-Hymne (1773–1775) widersetzt sich das Ich des Aufrührers den Geboten der Götter und Titanen:

Hier sitz’ ich, forme Menschen / nach meinem Bilde / Ein Geschlecht, das mir gleich sei,/ Zu leiden, weinen,/ Genießen und zu freuen sich,/ Und dein nicht zu achten,/ Wie ich.

Die Sturm-und-Drang-Lyrik knüpfte an die Odendichtung Klopstocks und die Freiheitshymnen an. Das Volkslied – Herder hatte eine Sammlung herausgegeben –, die Ballade und die nordische Mythendichtung (›Ossian‹) wirkten inspirierend. Gottfried August Bürger etwa, der Schöpfer des ›Münchhausen‹, gibt der Balladenform durch Zuspitzungen und Lautmalerei ein neues Gesicht.

In der Zuwendung zu germanischen Mythologien und zur Volkskunst suchte die Sturm-und-Drang-Bewegung die Wurzeln einer verbindenden deutschen Kultur. Sie richtete sich damit gegen die Überfremdung der deutschen Sprache und Literatur und trat für deren Aufwertung gegenüber dem Französischen ein. Schließlich wurde in jener Zeit noch am preußischen Königshof französisch gesprochen und das Deutsche als Sprache des einfachen Volkes gemieden.

Klassik (auch »Weimarer Klassik«, 1786–1805)

Die Begegnung mit der Klassik löst heute oft Desinteresse oder Langeweile aus. Es bedarf schon spektakulärer Theaterinszenierungen oder skandalträchtiger Biografien, um die Neugierde am Leben und Werk der Klassiker zu wecken. Vielleicht liegt das Problem vor allem darin, dass zu viel Beweihräucherung sich wie Patina über sie legt. Es liegt nun einmal im Charakter der Deutschen, selbst ausgezeichnete Werke zu verderben, indem sie gleich für heilig und ewig erklärt werden, schrieb schon Schiller. Allerdings trugen er und Goethe dazu bei, indem sie sich zu deutschen Klassikern stilisierten.

Was genau aber ist Klassik? Der Begriff hat die Bedeutung »vollkommen«, »mustergültig« angenommen. Klassische Werke bilden Kanon und Messlatte für alles Nachfolgende. Eine eingeschränktere Bedeutung bekam der Begriff durch die Beschäftigung mit der griechischen Antike. Die Dichter jener Zeit wurden lange in der europäischen Geschichte als klassische Vorbilder anerkannt. Es gab aber auch klassische Epochen in anderen europäischen Ländern. In Italien setzte sie mit Dante ein und endete mit der Renaissance im 16. Jh. Mit Cervantes und Calderon stellte sich in Spanien eine Klassik ein. In England erreichte die Klassik im Elisabethanischen Zeitalter Shakespeares ihren Höhepunkt.

In Deutschland versteht man heute unter Klassik im Wesentlichen die kurze und vergleichsweise späte Blütezeit der Dichtung in Goethes und Schillers Bannkreis um 1800 in Weimar. Dieses Verständnis von Klassik deckt sich weitgehend mit der antiken Bedeutung, weil für die-

> **Wichtige Dichter der Klassik**
>
> Johann Wolfgang Goethe, Friedrich Schiller, Johann Joachim Winckelmann, Karl Philipp Moritz, Johann Gottfried Herder, Christoph Martin Wieland, Johann Heinrich Voß, Johann Peter Hebel, Friedrich Hölderlin, Jean Paul (Friedrich Richter).

Goethe-Schiller-Denkmal in Weimar vor dem Nationaltheater, 1857.

sen Kreis der Dichter und Denker die Kunst der antiken Welt vorbildhaft war. Zugleich wurde dieser Horizont aber überschritten und es wurden Werke und Werte geschaffen, die uns in ihrem Wahrheitsgehalt auch heute noch angehen.

Ein Meilenstein auf dem Weg zur Weimarer Klassik ist Winckelmanns Neuentdeckung der griechischen Antike (›Geschichte der Kunst des Altertums‹, 1764). Mit dem altmodischen Begriff der »edlen Einfalt und stillen Größe« bezeichnet er ein antikes Lebensgefühl, das immer bestrebt ist, innere und äußere Schönheit, Geist und Körper, Inhalt und Form miteinander in Einklang zu bringen. Ein Ereignis war auch Johann Heinrich Voß' Homerübersetzung (1781). Wie die spätere Romantik ist die Klassik als Nachfolgerin der Aufklärung eine abgeklärte Epoche, die verschiedene geistesgeschichtliche Strömungen zu einer übergeordneten Synthese zusammenführt. Vollendung und Formvollkommenheit sind ihre Leitsätze.

Der regionale Dreh- und Angelpunkt dieser Bewegung war Weimar, die Fürstenresidenz eines Zwergstaates, die durch Goethe unter dem jungen Fürsten Karl-August und seiner Mutter Anna Amalia zur kulturellen Hochburg mit europaweiter Ausstrahlung wurde. Die Universität Jena entwickelte sich in jener Zeit unter Goethes Verwaltung zu einem der wichtigsten wissenschaftlichen Zentren des frühen 19. Jh.

Der Beginn der klassischen Epoche wird zeitlich mit Goethes Italienreise 1786, ihr Ende mit Schillers Tod 1805 angesetzt, doch die Weimarer Klassik war vor allem eine geistige Orientierung, die Dichter und Philosophen in unterschiedlichen Phasen ihres Lebens in diesem Zeitraum miteinander verband. Neben den zentralen Weimarer Gestalten Goethe und Schiller sind dies Moritz, Herder und später Wilhelm von Humboldt. Dichten und Denken gehörten in der Klassik zusammen. Die Aussöhnung von Menschheit und Natur, des Individuums mit dem Ganzen wurde zur Leitidee: Im Schönen der menschlichen Kunst sollte auch das Wahre der göttlichen Natur aufscheinen.

Obwohl klassische Ideen auch in die Gesellschaft hineinwirkten – etwa über die (ästhetische) Erziehung, Ethnologie und Psychologie –, blieb die Klassik vor allem ein Kulturphänomen. Als solches wurde sie zu einem Faktum, das die ganzheitliche deutsche Bildungsidee Wilhelm von Humboldts prägen sollte.

Zum Kreise Goethes und Schillers gehörte Christoph Martin Wieland, der schon vor Goethes Ankunft in Weimar als berühmter Autor wirkte. Er verfasste zahlreiche Romane (u. a. ›Agathon‹, ›Proteus‹), Verserzählungen, Theaterstücke, übersetzte Shakespeare und die griechischen Schriftsteller. Herder, Goethes Freund und Lehrmeister aus Sturm-und-Drang-Zeiten, war Sprachforscher und Literaturentdecker (Shakespeare, Volkslieder), Theologe und Geschichtsforscher. Den bedeutenden Roman ›Anton Reiser‹, der ebenfalls mit Goethes ›Wilhelm Meister‹ seelenverwandt ist, verfasste der Altertumswissenschaftler Karl Philipp Moritz.

Es gab im Umfeld der Weimarer Gelehrtenrepublik auch eine Reihe von Dichtern, die ähnlich dachten und in diesem Sinne klassische Werke verfassten, ohne von Goethe und Schiller als gleichrangig anerkannt worden zu sein: Johann Peter Hebel, ein Volksschriftsteller, der im alemannischen Dialekt Kalendergeschichten dichtete, wurde erst im 20. Jahrhundert als bedeutsamer Dichter gewürdigt (›Schatzkästlein des rheinischen Hausfreundes‹).

Friedrich Hölderlins Briefroman ›Hyperion‹ weist über das idealisierte Griechenland hinaus auf die Probleme der Gegenwart. Seine philosophische Lyrik entwickelte er zu einer mythischen Zeichensprache. Jean Paul, mit Herder befreundet, schrieb mehrere Romane, darunter den ›Titan‹, der an das Wilhelm-Meister-Modell angelehnt war, sich aber durch Humor, Vielseitigkeit der Form und eine überbordende Phantasie auszeichnet.

Romantik (1798–1835)

Gefühlsselige Atmosphäre bei »Candle Light Dinner« hat weniger mit Romantik zu tun, als man denkt. Die deutsche Romantik begann als Aufbruchsbewegung hellwacher Geister, darunter Bergbauingenieure (Novalis), Physiker (Johann Wilhelm Ritter) und Philosophen (Fichte). Aber natürlich gibt es auch die Nachtseiten der Romantik, die vom Irrationalen und Jenseitigen umgetrieben wird. Die Romantik war reich an Facetten, wurde aber nicht selten Opfer einseitiger Darstellungen. Es überrascht daher, dass etwas im landläufigen Sinne so Unromantisches wie die Ironie und der ge-

Caspar David Friedrich gilt in der Malerei als Inbegriff der romantischen Empfindung: ›Die Lebensstufen‹, um 1835.

sellschaftliche Witz eine Erfindung der deutschen Frühromantik waren.

Ein Kreis von jungen Leuten, die zum größeren Teil aus adeligen und wohlsituierten bürgerlichen Familien stammten, gruppierte sich in Jena um den Philosophen Johann Gottlieb Fichte. Dessen Thesen vom Ich, das seine Grenzen schöpferisch überwindet, suchte man in der neuen romantischen Dichtung in die Tat umzusetzen. Die von den Brüdern Schlegel in Berlin gegründete Zeitschrift ›Athenäum‹ wurde zum romantischen Manifest, Mitarbeiter waren Ludwig Tieck, Heinrich Wackenroder und Novalis (Friedrich von Hardenberg).

Die romantische Bewegung ging von Freundeskreisen aus, die sich um die literarischen Salons bekannter Frauen (Rahel Varnha-

Es sang vor langen Jahren
wohl auch die Nachtigall.
Das war wohl süßer Schall,
Da wir zusammen waren.

Ich sing und kann nicht weinen
Und spinne so allein
den Faden klar und rein,
solang der Mond wird scheinen.

Da wir zusammen waren,
Da sang die Nachtigall.
Nun mahnet mich ihr Schall,
daß du von mir gefahren.

Auszug aus Brentano,
›Der Spinnerin Lied‹

gen, Caroline und Dorothea Schlegel) in Berlin und Heidelberg bildeten. Aus Freundschaften wurden Arbeits- und Lebensgemeinschaften, die sich als Gegenwelt zur engen Bürgerlichkeit abgrenzten.

Wegweisend für die Frühromantik war Goethes Bildungsroman ›Wilhelm Meister‹. Im romantischen Roman soll nach Schlegel und Novalis über das Denken nachgedacht werden. Die Welt des Romans ist nicht mehr rund, sondern greift nach den Sternen. Das Romanfragment ›Heinrich von Ofterdingen‹, das der früh verstorbene Novalis hinterließ, gibt die romantischen Themen vor: Wander- und Lehrjahre, christliches Mittelalter, Märchen- und Sagenwelt. Die Sehnsucht nach einem goldenen Zeitalter, das in der Liebe Gestalt annimmt, wird mit der »blauen Blume« zum romantischen Symbol. Fündig wird der Dichter aber nicht in noch so fernen Welten: »Nach Innen geht der geheimnisvolle Weg. In uns, oder nirgends ist die Ewigkeit.«

Die romantischen Romane kombinieren unterschiedliche Stile und Formen, enthalten oft Briefe, Lieder, Gedichte, Gleichnisse oder märchenhafte Elemente. Alles gehört dem Wesen nach zusammen und soll in dieser literarischen Großform zum Gesamtkunstwerk vereinigt werden. Tiecks Roman ›Franz Sternbalds Wanderungen‹ wird zum Vorbild der späteren »Heidelberger«-Romantik. Clemens Brentano schreibt den »verwilderten« Roman ›Godwi oder das steinerne Bild der Mutter‹, ein Spiel- und Experimentierfeld unterschiedlichster Stilformen.

Es werden auch Anregungen aus den älteren Dichtungen der Weltliteratur aufgenommen: Der Spanier Calderon, die Italiener Petrarca und Dante, der Engländer Shakespeare werden entdeckt. Vor allem der Schatz der Märchen, Sagen und Volkslieder wird gehoben. Clemens Brentano und Achim von Arnim geben die Lieder- und Gedichtsammlung ›Des Knaben Wunderhorn‹ (1806–1808) heraus, Joseph Görres die ›Teutschen Volksbücher‹ (1807) und schließlich die Brüder Grimm ihre ›Kinder- und Hausmärchen‹ (1812–1815).

Als völlig neue Gattung tritt das Kunstmärchen in Erscheinung, das von den Romantikern als reinste Form der Poesie gepriesen wird. Modellhaft ist hier Ludwig Tiecks ›Blonder Eckbert‹. Bekannt wurden mit ihren Märchen vor allem Wilhelm Hauff (›Das tote Herz‹, ›Das Wirtshaus im Spessart‹), Clemens Brentano (›Das Märchen vom Rhein und dem Müller Radlauf‹), Friedrich de la Motte Fouqué (›Undine‹) und E.T.A. Hoffmann (›Der goldene Topf‹). Im Kunstmärchen verträgt sich überbordende Phantasie mit Realistik. Das Wunderbare wird eingesetzt, um Wahrheiten aufzudecken.

Das gilt auch für die fantastischen Novellen Joseph von Eichendorffs (›Das Marmorbild‹), Achim von Arnims (›Die Einquartierung im Pfarrhaus‹), Heinrich von Kleists (›Der alte Invalide‹) und Adelbert von Chamissos (›Peter Schlemihls wundersame Geschichte‹). Die Romantik sprengt immer wieder die Grenzen zwischen Innen- und Außenwelt. Am reinsten gelingt dies in der Lyrik Clemens Brentanos und Joseph von Eichendorffs. In ihren musikalischen Gedichten und Liedern werden rätselhafte Stimmungen erzeugt.

Die Dichtung der Spätromantiker – Fouqué, Eichendorff, Friedrich Rückert, Ernst Moritz Arndt, Ludwig Uhland – blieb von den Kriegswirren nach 1800 nicht unberührt. Der patriotische Gehalt einiger Werke steht im Zusammenhang mit den antinapoleonischen Befreiungskriegen (1813/1814) Der Veränderung der Welt durch Industrialisierung, der Vorherrschaft des Kapitals und der

Zerstörung der Natur werden antibürgerliche Lebensmodelle entgegengesetzt (Eichendorff: ›Aus dem Leben eines Taugenichts‹, 1826).

Mit der späten »schwäbischen Schule« um Uhland, Kerner und Schwab, von denen Lieder, Balladen und Romanzen stammen, bereitet sich schon das Biedermeier vor. Die Romantik ist auch die frühe Ankündigung der Moderne und ist verwandt mit den künstlerischen Strömungen der englischen, französischen und italienischen »schwarzen Romantik« in der zweiten Hälfte des 19. Jh. (allen voran Flaubert, Baudelaire, Huysmans, Wilde, D'Annunzio).

Biedermeier (1815–1850) und das Junge Deutschland (1830–1850)

»Biedermeier« und »Junges Deutschland« haben nicht viel miteinander zu tun, obwohl sie sich zeitlich überschneiden. Mit Biedermeier verbindet man Stillstand und Spießertum, mit Jungem Deutschland eine Aufbruchsbewegung. Das eine war sicherlich eine Reaktion auf das andere, denn die Politik in Deutschland war nach dem Wiener Kongress (1814/1815) rückwärts gewandt: Die alten deutschen Kleinstaaten mit ihren Fürsten an der Spitze wurden im deutschen Bund wiederhergestellt, bürgerliche Rechte und Freiheiten wurden eingeschränkt und Opposition nach den Karlsbader Beschlüssen 1819 unterdrückt. Angesichts der Aussichtslosigkeit der Lage verbreitete sich Resignation, und Rückzug ins bürgerliche Idyll war angesagt. Die junge deutsche Intelligenz aber entdeckte das geschriebene Wort als politische Waffe: Die bürgerliche Märzrevolution von 1848 bereitete sich vor. Man bezeichnet diese Epoche daher auch als »Vormärz«.

Das Biedermeier vereinigt die Verweigerung gegenüber den rasanten Veränderungen der Welt – der Industrialisierung, den Eisen bahnen, dem Kapital und der Arbeiterschaft – mit einem rückwärts gewandten literarischen Ausdruck. Viele Biedermeier-Dichter empfanden es als Unglück, Nachgeborene vergangener literarischer Blütezeiten, »Epigonen« zu

> Herkunft des Begriffes Biedermeier: 1850 wurde in der humoristischen Zeitschrift ›Fliegende Blätter‹ ein Spießer mit dem Namen »Gottlieb Biedermeier« parodiert. Er verkörperte die typischen Bürger-(Un-)tugenden der Zeit zwischen 1815 und 1850 und hat dem Kunststil den Namen gegeben.

sein. Das war vielleicht das einzig Gemeinsame, was die Dichter jener Zeit verband, die kein eigentliches Programm hatten. Der große Lyriker Eduard Mörike konnte noch unmittelbar an die literarische Bewegung der Romantik anknüpfen, da sie in seiner schwäbischen Heimat noch lebendig war. Er entwickelt aber eigene Formen, neben seinem Desillusionsroman ›Maler Nolten‹ und seinen Märchen eine kunstvolle Lyrik, in der das Ich und die Welt zueinander finden.

Unterschätzt wurden lange Zeit die Erziehungsromane und Novellen des Schweizer Pfarrers Jeremias Gotthelf, der mundartlich für Bauern und über Bauern schrieb. In der Erzählung ›Die schwarze Spinne‹ (1842) wird die zerstörerische Kraft einer mythischen Gegenwelt zur Berner Bergidylle wird nur durch das Festhalten am Glauben besiegt. Das Bildnis der größten deutschen Dichterin, Annette von Droste-Hülshoff, zierte noch vor einigen Jahren die deutschen Zwanzigmark-Scheine. Am bekanntesten wurde die westfälische Edelfrau für ihre schwermütigen Naturgedichte. Über ihre Zeit hinaus weist in Stil und Thematik die kriminalistische Novelle ›Die Judenbuche‹ (1842).

Wichtige Werke jener Epoche kamen aus Österreich. Der Lehrer und Maler Adalbert Stifter rückt in seinen Novellen und Romanen das Unscheinbare des Alltäglichen in den Blick, an dem sich die Allgegenwart der Natur und Humanität erweist. (›Der Nachsommer‹, 1857).

In Wien erlebte das Theater unter den Theatermachern und Autoren Nestroy, Raimund und Grillparzer eine Blüte. Ferdinand

Klischee des Dichterschicksals im Biedermeier: Carl Spitzwegs ›Armer Poet‹, 1839.

Raimund und Johann Nestroy bringen die barock-wienerische Tradition des Volkstheaters zur Vollendung, indem sie Sprachwitz und Satire kombinieren, Franz Grillparzer inszeniert seine zahlreichen Dramen am Burgtheater. Weltschmerz und Flucht in die Innerlichkeit sind Grundmotive seiner Trauerspiele (›Ein treuer Diener seines Herrn‹, 1828, und ›Die Jüdin von Toledo‹, Uraufführung 1872). In seiner Erzählung ›Der arme Spielmann‹ (1848) kommt die Tragik des modernen Künstlers zum Ausdruck.

Eine Zensurverordnung, die im Jahr 1835 in Deutschland die Presse- und Versammlungsfreiheit aufhob, richtete sich vor allem gegen das »Junge Deutschland«. Damit war die Gruppe von Schriftstellern gemeint, die, begeistert von der französischen Julirevolution (1830), mit der Feder für demokratische Freiheiten und

soziale Umwälzungen kämpften. Die meisten von ihnen verdienten sich als freie Schriftsteller ihren Lebensunterhalt, was durch den enorm expandierten Kultur-
betrieb, die zahlreichen Zeit-
schriften, Zeitungen und Theater möglich geworden war. Einige entzogen sich der Zensur, indem sie von der Schweiz und Frankreich aus publizierten, andere wurden verhaftet und eingesperrt. Am bekanntesten sind Heinrich Heines Briefe aus Frankreich und Ludwig Börnes Pariser Tagebücher.

> Zitat Georg Herwegh (1849): »Das Abzeichen der modernen Literatur ist es eben, dass sie ein Kind der Politik … ist.«

Die Angriffe der Schriftsteller des Jungen Deutschland richteten sich gegen restaurative Politik und Zensur. Auch freie Liebe und Frauenemanzipation wurden propagiert. Einige Schriftsteller waren an den Barrikadenkämpfen im März 1848 beteiligt und zogen später als Abgeordnete ins Parlament ein. Die damals sehr berühmten, heute aber nur noch wenig bekannten Autoren waren: Karl Gutzkow, Heinrich Laube, Ludwig Wienbarg, Theodor Mundt, Georg Herwegh, Ferdinand Freiligrath und Adolf Glassbrenner. Ihre literarischen Vorbilder waren Heinrich Heine und August Graf von Platen.

Jenseits dieser von Heine kritisierten »Tendenzliteratur« gab es nur weniges, was dauerhaft Bestand haben sollte: Dazu gehören vor allem die Dramen und Erzählungen des jung verstorbenen Georg Büchner (›Leonce und Lena‹, ›Woyzeck‹, ›Lenz‹), die erst Jahrzehnte nach seinem Tod aufgeführt bzw. veröffentlicht wurden. Der geniale Dichter und Mediziner musste nach Veröffentlichung der revolutionären Flugschrift ›Der hessische Landbote‹ aus seiner Heimat nach Straßburg fliehen. Christian Dietrich Grabbe setzte mit seinem realistischen Stil und der Demontage des Helden in seinen historischen Dramen (›Napoleon‹, ›Hannibal‹) auf der Bühne neue Akzente. Der schwermütige Nikolaus Lenau sucht mit seiner drastischen Versdichtung (›Don Juan‹) und seiner Lyrik (›Waldlieder‹) in einer eigenen Kunstform die Wirklichkeit zu durchdringen.

Realismus, Naturalismus und Jahrhundertwende (1848–1910)

Der Fortschritt der Naturwissenschaften in der zweiten Hälfte des 19. Jh. setzte die Kunst unter Rechtfertigungsdruck. Wozu konnte die Literatur dienen? Wofür eignete sie sich? Sie sollte nicht mehr und nicht weniger als die »Widerspiegelung alles wirklichen Lebens« (Fontane) sein und die Realität in ihrem »inneren Kern« (Otto Ludwig) erfassen. Die großen französischen Gesellschaftsromane (Balzacs ›Menschliche Komödie‹, Flauberts ›Madame Bovary‹) waren schon bekannt, als Fontane in Deutschland mit seinen Familienromanen in Erscheinung trat. Gustav Freytag (›Soll und Haben‹, 1855), Wilhelm Raabe (›Der Hungerpastor‹, 1864) und der Schweizer Gottfried Keller (›Der grüne Heinrich‹) gestalteten in ihren Romanen Konflikte zwischen Individuum und Gesellschaft. Hierzu gehören auch die Novellen von Conrad Ferdinand Meyer (›Die Hochzeit des Mönchs‹, 1884), Gottfried Keller (›Romeo und Julia auf dem Dorfe‹, 1856) und Theodor Storm (›Der Schimmelreiter‹, 1888), in denen sich merkwürdige, wunderbare oder historische Begebenheiten finden.

Radikalisiert wurde die Forderung nach realistischer Darstellung durch den Naturalismus, einer Aufbruchsbewegung, die vor allem den Natur- und Sozialwissenschaften sowie der modernen Psychologie huldigte. Anregungen kamen von den großen europäischen Schriftstellern Zola, Dostojewski und Ibsen. Die Darstellungsmittel der Kunst sollten so gewählt werden, dass sie ein möglichst getreues Abbild von Wirklichkeitsabläufen liefern. Dementsprechend schufen Arno Holz und Johannes Schlaf ein Drama, ›Papa Hamlet‹, in dem das gespielte Geschehen mit der Geschwindigkeit des Bühnengeschehens abläuft.

Die Industrialisierung hatte in der zweiten Hälfte des 19. Jh. die Gesellschaft grundlegend verändert und vor allem die Lebensbedingungen der Arbeiter verschlechtert. In Gerhart Hauptmanns

Drama ›Die Weber‹ (1892) wird die Revolte – die schlesischen Weberaufstände 1844 – durch Entlassungen infolge neuer Webmaschinen ausgelöst. Die Personen werden als Objekte ihrer sozialen Umwelt dargestellt. Um sie möglichst naturgetreu zu zeichnen, lässt Hauptmann sie teilweise in lokalen Dialekten sprechen. Mit naturalistischen Darstellungsmethoden wurde auch in der Lyrik experimentiert. Ähnlich wie im Impressionismus der Malerei geben Detlev von Liliencrons Gedichte und Peter Altenbergs Prosaskizzen Sinneseindrücke einzelner Augenblicke – »Extrakte des Lebens« – wieder.

Eine Gegenbewegung zum Naturalismus formierte sich um die Jahrhundertwende in Berlin, München und Wien. Die Kunst sollte nicht mehr der Darstellung dienen, sondern um ihrer selbst willen (»l'art pour l'art«) da sein. Diese Haltung bildete den Lebensmittelpunkt einer jungen Generation: Arthur Schnitzler, Hermann Bahr, Hugo von Hofmannsthal und viele andere trafen sich in Wiener Kaffeehäusern (Café Griensteidl). Überdruss und Pessimismus kennzeichneten das Lebensgefühl der jungen Generation, Endzeit-

Adolph von Menzel: ›Das Eisenwalzwerk‹, 1875.

Ernst Mach, der Physiker, nach dem die Einheit für Schallgeschwindigkeit benannt wurde: »Die Welt besteht nur aus unseren Empfindungen.«

gefühle herrschten vor (»Fin de Siècle«) An diesem Wendepunkt scheint das Werk Nietzsches die großen Stichwörter gegeben zu haben: Die Verherrlichung des Lebens, die Umwertung der Werte, die Idee vom Übermenschen und die der physisch-psychischen Zusammenhänge.

Gleichzeitig mit Sigmund Freud entdeckt der Arzt und Schriftsteller Arthur Schnitzler die Triebkraft der Sexualität und entfaltet ihre Dynamik in seinem Drama ›Reigen‹ (1896/1897). Die menschlichen Beziehungen werden in diesem und in seinen anderen Stücken durch Zufälligkeiten bestimmt. Was aber verbirgt sich hinter den Konventionen und Lügen der Gesellschaft? Frank Wedekinds ›Lulu‹-Tragödien, ›Der Erdgeist‹ (1895) und ›Die Büchse der Pandora‹ (1904) zeigen den Sexualtrieb als zerstörerische Kraft. In ›Frühlings Erwachen. Eine Kindertragödie‹ (1891) verursacht Unverständnis der Erwachsenen für die erwachende Sexualität der Kinder grausame Folgen.

In München formierte sich der Kreis um den Lyriker Stefan George (dem später auch der Hitler-Attentäter Graf Stauffenberg angehörte). Es war die Zeit des Jugendstils. Vorbild war die symbolistische Dichtung der Franzosen Baudelaire und Mallarmé. Die Schönheit der dichterischen Form wurde zelebriert, mit George als Hohepriester: Inmitten seiner antik gekleideten Jüngerschar las er aus seinen Gedichtzyklen ›Algabal‹ (1892) und ›Der siebente Ring‹ (1907).

Als dichterisches Genie machte der junge Hugo von Hofmannsthal von sich reden. Er lotete die Grenzen der Sprache (›Brief des Lord Chandos‹) und des Lebens (›Der Thor und der Tod‹) aus und sah nach einer Phase des Verstummens seine dichterische Aufgabe darin, die Kluft zwischen Kunst und Leben zu überwinden (›Das Märchen der 672. Nacht‹). Für Richard Strauss hat er später auch Opernlibretti geschaffen und mit Max Reinhardt

Über die Widersprüche der Epoche

»Es wurde der Übermensch geliebt, und es wurde der Untermensch geliebt; es wurde die Gesundheit und die Sonne angebetet, und es wurde die Zärtlichkeit brustkranker Mädchen angebetet … man war gläubig und skeptisch, naturalistisch und preziös, robust und morbid; man träumte von alten Schlossalleen … Edelsteinen, Haschisch, Krankheit, Dämonien, aber auch von Prärien, von Schmiede- und Walzwerken, nackten Kämpfern, Aufständen der Arbeitssklaven. Dies waren freilich Widersprüche … aber in Wirklichkeit war alles zu einem schimmernden Sinn verschmolzen.
Aus Robert Musils ›Mann ohne Eigenschaften‹

1917 die Salzburger Festspiele ins Leben gerufen, auf denen alljährlich sein ›Jedermann. Das Spiel vom Sterben des reichen Mannes‹ aufgeführt wird.

Rainer Maria Rilke, aufgewachsen in der deutschsprachigen Kulturmetropole Prag, wurde zuerst mit seinen Stimmungsgedichten (›Herbsttag‹, 1902) und lyrischen »Gebeten« (›Stundenbuch‹, 1905) bekannt. Am schwersten zugänglich sind Rilkes späte ›Sonette an Orpheus‹ und vor allem die ›Duineser Elegien‹, an denen er zehn Jahre arbeitete. In Rilkes Lyrik wird das Unsagbare benannt, Kunst und Leben verschmolzen. In seinem Pariser Romanfragment ›Aufzeichnungen des Malte Laurids Brigge‹ (1910) stellt er das realistische Erzählen in Frage und versucht sich in neuen Ausdrucksformen.

Die ›Duineser Elegien‹ Rilkes sind nach dem Schloss Duino (bei Triest) seiner Mäzenin Marie von Thurn und Taxis benannt, auf dem er von 1912 bis 1915 wohnte.

Moderne (1900–1950) und Expressionismus (1910–1920)

Die Geburtsstunde der Moderne war die Jahrhundertwende. In den Dichter- und Künstlerkreisen Wiens, Berlins und Münchens wurden die Grundlagen für die moderne Literatur, Malerei und Musik geschaffen.

Für das künstlerische Selbstverständnis hatten französische (Baudelaire, Mallarmé, Huysmans), englische (Byron, Wilde, Poe) und italienische Dichter (D'Annunzio) mit ihrem Kult der Schönheit Pate gestanden: Schön war vor allem das, was sich nicht der Nützlichkeit unterwarf und für sich selbst Bestand hatte. Kunst sollte gelebt werden und nahm im Dandy Gestalt an. Auch das Hässliche und Dekadente konnte schön sein, wenn es sich nur nicht der gesellschaftlichen Moral unterordnete. Nur durch die Kunst, glaubte man, könnten der Abscheu und die Gleichgültigkeit gegenüber der bürgerlichen Welt überwunden werden. Kunst sollte sinnlich sein und der Körper ästhetisch – dies waren die Motti der neuen Jugendbewegung.

Eine neue künstlerische Bewegung machte ernst damit, die Kunst ins Leben zu führen, ihre Vertreter wurden als Expressionisten, als Ausdruckskünstler, bezeichnet. Der Begriff stammte aus der Malerei. Eine Ausstellung der Wiener Sezessionisten 1895 warf die Frage auf, ob Bäume rot gemalt werden dürften. Notwendigerweise, meinte Hermann Bahr, wenn dies dem seelischen Ausdruck entspreche.

Das wenige Gemeinsame, das die expressionistischen Zirkel verband, waren die Abkehr von den Nachahmungstheorien der Naturalisten und die Entwicklung neuer Ausdrucksformen. Die jungen Maler und Dichter – Akademiker aus gutbürgerlichen Elternhäusern – revoltierten nicht nur gegen das bürgerliche Leben, sondern wollten die Gesellschaft durch den »neuen Menschen« revolutionieren.

Die wichtigsten Vertreter

Expressionismus
Lyrik: Gottfried Benn, Georg Heym, Else Lasker-Schüler, Georg Trakl, Jakob van Hoddis, August Stramm;
Drama: Georg Kaiser, Carl Sternheim, Ernst Toller;
Prosa: Franz Werfel, Alfred Döblin, Albert Ehrenstein, Carl Einstein, Iwan Goll, Ernst Weiß.

Dadaismus
Hugo Ball, Kurt Schwitters, Walter Serner, Hans Arp, Emmy Hennings, Marcel Janco, Tristan Tzara.

Unter dem Titel ›Menschheitsdämmerung‹ erschien 1919 eine Sammlung expressionistischer Lyrik. ›Der Sturm‹ (1910), ›Die Aktion‹ (1910), ›Die Revolution‹ (1913), ›Das neue Pathos‹ (1913) waren die ausdrucksstarken Titel der Zeitschriften, um die sich die Künstler sammelten. Die Künstlergruppen, die eine Gesellschaft in der Gesellschaft bildeten, trafen sich in Berliner Clubs und Cafés (Café Größenwahn). Auch in anderen deutschen Großstädten, vor allem in München und Leipzig, aber auch in Wien und Prag bildeten sich expressionistische Literaturzirkel.

Die nervöse Erfahrungswelt der Großstadt mit ihren Häusermassen, ihrem Lärm und den rauchenden Schloten war für viele Dichter die zentrale Inspirationsquelle. Für die Mediziner unter ihnen, Gottfried Benn, Alfred Döblin und Ernst Weiß, waren es der körperliche Zerfall und die psychischen Störungen. Visionär, religiös und rauschhaft war die Bildersprache der neuen Lyrik, die die Abgründe und das Jenseitige in der Alltagswelt aufspürte. Georg Trakl, der dichtende Apotheker, der am Rauschgift starb, erfasste mit seiner Sprachkunst Gottesahnung und Gottesferne, die Jüdin Else Lasker-Schüler, die selbst im exaltierten Berlin als Paradiesvogel galt, hatte sich in ihrer melancholischen Liebeslyrik eine orientalische Märchenwelt erschaffen. Prophetisch ist Georg Heyms bekanntes Gedicht ›Der Krieg‹. Es steht für die düsteren

Einer der herausragenden Protagonisten des Expressionismus in der bildenden Kunst: Ernst Haeckel (›Weiße Pferde‹, 1912).

Vorahnungen einer jungen Generation, die kurz nach ihrem geistigen Aufbruch 1914 in den Ersten Weltkrieg zog. Karl Kraus, der wortgewaltige Wiener Autor und Herausgeber der satirisch-polemischen Zeitschrift ›Fackel‹, schreibt ein Mammut-Drama: ›Die letzten Tage der Menschheit‹ (1918/1919).

Der Ausbruch des Krieges markiert einen Einschnitt, von vielen wird er sogar als Ausweg aus dem dumpfen bürgerlichen Leben beschworen. Zu Kriegsbeginn versucht sich August Stramm mit Wortexperimenten, die den Gebrauchscharakter der deutschen Sprache sprengen. Zu den seltenen expressionistischen Prosawerken gehört Alfred Döblins China-Roman ›Die drei Sprünge des Wang-Lun‹, in dem die Wortkunst völlig neue Wege der Erzählung geht.

Das expressionistische Drama Oskar Kokoschkas (›Mörder, Hoffnung der Frauen‹) und Wassilij Kandinskys (›Der gelbe Klang‹) kombiniert verschiedene künstlerische Ausdrucksmittel. In den expressionistischen Dramen Walter Hasenclevers, Franz Werfels und Arnold Bronnens ist der Vater-Sohn-Konflikt zentral, der oft mit Vatermord endet.

In der Realität starben aber die Söhne im Krieg, darunter die Dichter Georg Heym, Reinhard Johannes Sorge, Ernst Stadler, Georg Trakl, August Stramm, Alfred Lichtenstein. Während des Krieges leiteten insbesondere die Dramen Georg Kaisers (›Gas I/II‹, 1918/20) und Ernst Tollers (›Masse Mensch‹, 1921) eine sozialrevolutionäre Wende ein. Bertolt Brecht und Johannes R. Becher (späterer Kulturminister in der DDR) verschrieben sich nach dem Krieg dem Sozialismus, Gottfried Benn und Arnold Bronnen wurden hingegen nationalkonservativ. Kaiser, Else Lasker-Schüler, Carl Sternheim, Toller, Franz Werfel gingen nach der Machtergreifung der Nazis 1933 ins Exil. Doch fast alle sollten weder in der Politisierung noch im Exil eine dauerhafte geistige Heimat finden.

Der Dadaismus (von frz. *dada* = Steckenpferd) radikalisierte die expressionistische Bewegung: Er verstand sich vor allem als antibürgerlich und war Sinn-Zerstörung und schöpferisches Spiel zugleich. Die Freude an der Erschaffung eines Kunstwerkes war wichtiger als das Resultat, die Methode – Demontage/Montage – wichtiger als der Gegenstand selbst. Die Bewegung formierte sich zunächst in Zürich (›Cabaret

O du, Geliebte meiner siebenundzwanzig Sinne, ich liebe dir! – Du deiner dich dir, ich dir, du mir. – Wir?
Auszug aus Kurt Schwitters,
»Merzgedicht 1, An Anna Blume«

Voltaire‹, 1916), dann in Berlin (Zeitschrift ›Dada‹) und wirkte mit ihrem Aktionismus und den Happenings weit über ihre Zeit hinaus bis in die frühe Pop-Kultur der 60er Jahre, in ihrem anarchistischen Gestus sogar bis zur Punk-Bewegung der späten 70er Jahre.

»Golden« waren die 20er Jahre nicht für Politik und Wirtschaft, wohl aber für die Kultur. Vor allem in Berlin und München erreichten das politische Kabarett und die literarische Zeitkritik der überwiegend deutsch-jüdischen Intellektuellen einen Höhepunkt. Kurt Tucholsky schrieb als Mitherausgeber der bedeutenden Zeitschrift ›Weltbühne‹ scharfzüngige Satiren und kritische Reportagen, die auch vor dem Nationalsozialismus warnten. Zeitsatiren in Roman- und in Gedichtform schrieb auch Erich Kästner.

Die Theaterwelt hatte Sternstunden unter Max Reinhardt und Erwin Piscator; Bertolt Brecht, Carl Zuckmayer und Ödön von Horváth brachten ihre Stücke auf die Bühnen. Alfred Döblin experimentierte mit neuen Romanformen. Von seinen zahlreichen Romanen wurde ›Berlin Alexanderplatz‹ am populärsten, in dem ein Individuum, Franz Biberkopf, an der Gewalttätigkeit der Großstadt scheitert. Der moderne Roman schildert Geschehensabläufe, montiert Wirklichkeitselemente (z.B. Zeitungsausschnitte) und bildet Assoziationsketten, ohne dass ein Ich-Erzähler erklärend oder deutend eingreift. Der große, aber schwierige Romanschriftsteller Hermann Broch wurde vielleicht deshalb nicht so populär, weil er seinen Lesern eine erkenntniskritische Mitarbeit abverlangt. Seine Romantrilogie ›Die Schlafwandler‹, die mit James Joyces ›Ulysses‹ verglichen wurde, handelt vom Werteverfall und erschafft einen Mikrokosmos der Geistesgeschichte.

Philosophisches findet sich auch im Lebenswerk des Österreichers Robert Musil, v. a. in seinem Roman ›Der Mann ohne Eigenschaften‹. Die ironisch geschriebene Bilanz der 1818 untergegangenen Donau-Monarchie (Kakanien) erprobt auch neue Wege des Denkens und der Wirklichkeitsinterpretation. Wie Musil, so gestaltet auch Joseph Roth literarisch den Niedergang der österreichen k.u.k.-Monarchie.

Welche internationale Wirkung die deutsche Literatur jener Zeit hatte, wird schon damit belegt, dass zwei deutsche Dichter,

Hermann Hesse (1946) und Thomas Mann (1929), mit dem Literaturnobelpreis ausgezeichnet wurden. Hesses Romane, die nach seinem Tod in den 60er und 70er Jahren die Jugendkultur prägten (›Demian‹, 1919, ›Der Steppenwolf‹, 1927), führen tief in die seelischen Konflikte des vereinsamten künstlerischen Menschen. Hesse ging schon früh in die Schweiz (1923), während Thomas Mann, sein Bruder Heinrich und viele andere führende Schriftsteller (Tucholsky, Musil, Döblin, Toller, Brecht, Anna Seghers, Oskar Maria Graf, Feuchtwanger, Horváth, Werfel, Stefan Zweig, Zuckmayer) erst nach der Machtergreifung der Nazis 1933 ins Exil flüchteten.

Heinrich Mann hatte schon um die Jahrhundertwende Romane (›Die kleine Stadt‹, 1909) geschrieben, die ihn zum Vorbild der namhaften Vertreter neuer Prosa machten. Anders als sein Bruder Thomas bezog er insbesondere in dem Roman ›Der Untertan‹ (1918) eine gesellschaftskritische Position.

In Prag schrieb der Jurist Franz Kafka neben Erzählungen Romane. Nur kurze Zeit blieb dem einsam lebenden und früh Verstorbenen für sein dichterisches Lebenswerk, das er zum größten Teil nie veröffentlicht sehen wollte. Immer wieder sucht er Antworten auf die Frage nach dem Sinn der menschlichen Existenz in einer gottfernen Welt. Die Parabel des Türhüters im Roman ›Der Prozess‹ (1925), ein dunkles Gleichnis des menschlichen Lebens, wird bis heute immer wieder neu gedeutet.

Wenig bekannt ist das Werk des rätselhaften Schweizer Schriftstellers Robert Walser, der mit seinen kurzen Prosastücken und den Romanen ›Jakob von Gunten‹ und der ›Gehülfe‹ Bedeutendes für die moderne Literatur geschaffen hat. Die heitere, aber hintergründig pessimistische Prosa des zurückgezogenen Einzelgängers wurde von Kafka, Musil und Hesse bewundert.

Unterschätzt wird in Deutschland auch der in Wien und Zürich aufgewachsene Roman- und Dramendichter Elias Canetti, der Sinnentleerung und Humanitätsverlust mit grotesken Mitteln dargestellt hat. Der Roman ›Die Blendung‹ (1930/31), der mit ein-

Franz Kafka, das letzte Porträt, 1923/1924.

drucksvollen sprachlichen Mitteln die katastrophalen Folgen von Wirklichkeitsflucht vor Augen führt, brachte dem international bekannten Schriftsteller spät (1981) den Nobelpreis.

Von der deutschen Nachkriegsöffentlichkeit lange Zeit als Nationalkonservativer verfemt, wurde Ernst Jünger in Frankreich – auch wegen seiner Nähe zum Surrealismus – hoch geschätzt. Seine stilisierende Prosa trägt antibürgerlich anarchische, aber auch analytische Züge und dringt oft in Grenzbereiche des menschlichen Erlebens vor.

Die Gruppe 47 (1947–1967)

Die »Gruppe 47« war ein Phänomen der Nachkriegszeit und ist heute weniger bekannt als die Autoren, die ihr angehörten. Zwei Nobelpreisträger gingen aus ihr hervor, Heinrich Böll und Günter Grass. Zu ihr gehörten ferner Martin Walser, Hans Magnus Enzensberger, Siegfried Lenz, Uwe Johnson, Ingeborg Bachmann, Peter Weiß, Peter Rühmkorf und viele andere. Die Gruppe 47 wurde von Hans Werner Richter ins Leben gerufen, nachdem die von ihm und Alfred Andersch gegründete Zeitschrift ›Der Ruf. Unabhängige Blätter der jungen Generation‹ wegen Kritik an der amerikanischen Besatzungsmacht 1947 verboten worden war.

In den zerstörten deutschen Städten gab es keine Theater mehr, das Druckpapier war knapp, auch schien es inhaltlich nichts zu geben, an das man hätte anknüpfen können. Man befand sich in einem intellektuellen Vakuum, also proklamierte man auf den Trümmern des Zweiten Weltkrieges im Westsektor der Alliierten den »Nullpunkt der Literatur«. Unverbraucht sollte die Sprache sein. Ihre Teilnehmer bestanden in der ersten Generation aus jungen Kriegsheimkehrern, die die Frage nach Schuld und Verantwortung am Krieg und den begangenen Verbrechen stellten. Wolfgang Borchert lässt zum Beispiel in ›Draußen vor der Tür‹ einen General auf einem Xylophon aus Knochen spielen.

Die Literatur stellte nicht nur das Elend dar, das auf die Zerstörung folgte, sondern wirkte selbst zerstörerisch, indem sie die Sprache in ihre

Literaturbeispiele

Ingeborg Bachmann: Ihr Worte
Ihr Worte, auf, mir nach! / und sind wir auch schon weiter, / zuweit gegangen, geht's noch einmal / weiter, zu keinem Ende geht's.

Hans Magnus Enzensberger: Schaum
was habe ich verloren, in diesem land, / dahin mich gebracht haben meine älteren / durch arglosigkeit / eingeboren, doch ungetrost / abwesend bin ich hier, / ansässig im gemütlichen elend, / in der netten, zufriedenen grube.

Elementarteile zerlegte. Kurze, abgehackte Sätze und die Vermeidung von Gefühlsbeschreibung waren die Charakteristika dieser gegenwartsorientierten Kahlschlagliteratur, die so realistisch sein sollte wie der allgegenwärtige Hunger, die Not, Angst und Verzweiflung.

Das, was die Gruppenmitglieder bei aller Verschiedenheit bis dahin zusammenhielt, war die kritische Auseinandersetzung mit dem entstehenden Nachkriegsdeutschland. In den 50er Jahren sah man jedoch wegen des Erfolgs des »deutschen Wirtschaftswunders« schon bald den Boden für jegliche Opposition schwinden. Die Kunst sollte nun autonom werden, um wahr zu bleiben, d. h. nicht die literarischen Gegenstände durften mehr zielführend sein. Neben Enzensberger waren es vor allem die österreichischen Schriftsteller Jandl, Fried und die Schriftstellerin Inge Bachmann, die in ihrer Lyrik mit der Form experimentierten und sich über die bisher engen Literaturdefinitionen der Gruppe hinwegsetzten. Ein weiterer Österreicher, der junge Peter Handke, läutete als Repräsentant einer neuen Generation 1967 mit einem provozierenden Auftritt das Ende der Gruppe ein. Den Versuch einer Wiederbelebung der alten Idee unternimmt gegenwärtig Günter Grass, der 2005 zu einem »Lübecker Literaturtreffen« aufrief.

Man muss sich die damaligen Sitzungen der Gruppe 47 wie das »Literarische Quartett« Reich-Ranickis vorstellen – mit dem Unterschied, dass der kritisierte oder gelobte Schriftsteller anwesend war und die Sitzung hinter verschlossenen Türen stattfand. In der Gruppe wurde nicht nur gelesen, sondern auch viel diskutiert und gestritten. Bald handelte es sich bei der Gruppe nicht mehr primär um eine Werkstatt, in der man sich mit eigenen und fremden literarischen Erzeugnissen beschäftigte, sondern um ein literarisches Forum für Neuentdeckungen.

Eine kritische Stimme

Arno Schmidt, der 1953 zur Lesung eingeladen war: »Muss man bei der Gruppe 47 auch singen, oder braucht man nur nackt vorzulesen?«

Man legte viel Wert auf Außenwirkung, Zeitschriften wurden gegründet und eigene Preise verliehen. Die Anwesenheit von Verlegern (Rowohlt, Unseld, Friedrich) und namhaften Kritikern (Raddatz, H. Mayer, Reich-Ranicki und J. Kaiser) sorgte dafür, dass die Gruppe zur tonangebenden Institution für die Beurteilung und Vermarktung aktueller Literatur wurde.

Mit dem Aufbau von Rundfunkanstalten, Theatern und Verlagen war auch eine Nachfrage entstanden, die den Schriftstellern eine Berufsperspektive schuf. Auch dies mag für den Zusammenhalt der Gruppe in den späten 50er und 60er Jahren eine Rolle gespielt haben. Längst zählt man aber auch die großen Außenseiter der damaligen Literaturclique zu den wichtigen Repräsentanten der Nachkriegsliteratur: Paul Celan, Wolfgang Koeppen, Hans Henny Jahnn, Reinhold Schneider, Arno Schmidt, Elfriede Jelinek (Nobelpreis 2005), Max Frisch, Friedrich Dürrenmatt, Uwe Johnson, Günter Kunert, Jurek Becker, Heiner Müller, Christa Wolf und Reiner Kunze.

Ein Blick in andere Länder

Spanien: Das »goldene Zeitalter« des Don Quixote (1550–1650)

Miguel de Cervantes' ›Don Quixote‹ hat sein Jahrhundert nicht nur überdauert, sondern gilt als eines der größten Werke der Weltliteratur. Der gegen Windmühlen ankämpfende spanische Edelmann wurde zum Prototyp des Antihelden im modernen Roman. Sprachlich und in seiner ironischen Erzählweise für viele europäische Dichter vorbildlich, entstammt der Roman einer Epoche – dem »goldenen« spanischen Zeitalter –, in der die Literatur einen Gipfelpunkt erreicht hatte: Spanien war seit der Mitte des 16. Jh. ein in sich stabiles Weltreich, das sich als Zentrum der katholischen Welt

Miguel de Cervantes' ›Don Quixote‹, Titelblatt einer Ausgabe aus dem Jahr 1605.

sah. Gleichwohl gab es bewegte geistig-philosophische Auseinandersetzungen.

Den Literatur-Stil der Zeit bezeichnet man als barock, was eine sehr grobe Zuordnung ist, weil zahlreiche literarische Schulen miteinander wetteiferten und unterschiedliche Stilrichtungen hervorbrachten. In der lyrischen Dichtung gab es beispielsweise den »Conceptismus«, der mit Paradoxen und Allegorien einen tieferen Sinn andeutete; im Roman den »Picaro-Typ«, der gesellschaftskritisch erstmalig die Perspektive »von unten« auf die Welt zeigte und den beliebten Schelmenroman begründete. Auf der Bühne wurden die neuen Volksstücke Lope de Vegas sowie Mysterienspiele aufgeführt.

Einen Gipfelpunkt erreichte das Theater gegen Ende des »goldenen Zeitalters« mit Calderón de la Barca, er gilt mit seinen Dra-

men, die sich durch hohe
Sprachkunst und geniale
Komposition auszeichnen,
heute als einer der besten Dramatiker aller Zeiten. Die Dichtungen jener spanischen Blütezeit hatten nicht nur einen
unmittelbaren Einfluss auf die
deutsche Barockliteratur, sie

Die wichtigsten Dichter

Miguel de Cervantes Saavedra, Lope de
Vega, Calderón de la Barca, San Juan
de la Cruz (Johannes vom Kreuz), Fray
Luis de León, Francisco de Quevedo,
Bernardo de Balbuena, Tirso de Molina
(Gabriel Téllez).

wurden zum Teil erst in der Romantik dank kongenialer Übersetzungen (etwa der Brüder Grimm) entdeckt und haben eine Tradition begründet, die als Unterströmung über die vergangenen Jahrhunderte in der europäischen Literatur bis in die Gegenwart wirkt.

Frankreich: Der Existenzialismus (1943–1960)

In den fünfziger Jahren herrschte in der Pariser Bohème ein exis-
tenzialistisches Lebensgefühl, das sich im blassen Teint und in der
schwarzen Kleidung einer melancholischen Jugend ausdrückte, die
zwischen Universität und Jazz-Cafés verkehrte, in denen man
Boris Vians Chansons hörte. Cafés im Quartier Saint-Germain-
des-Prés (Tabou, Café de Flore u. a.) waren auch die legendären
Orte, an denen sich die wichtigsten Leitfiguren dieser Zeitströmung
trafen. Der Existenzialismus ist eine Grundauffassung vom
menschlichen Leben, die Philosophie, Literatur und Politik miteinander verbindet, er wurde 1943 im deutsch besetzten Paris von Jean
Paul Sartre und Albert Camus begründet. Sartre definierte den
Existenzialismus zunächst als Humanismus, philosophisch knüpfte er mit seinem Werk ›Das Sein und das Nichts‹ an Kierkegaard,
Husserl, Heidegger und Jaspers an.

Die Romane, Essays und Dramen Sartres und Camus' kreisen
um die Tragik und den Schrecken des menschlichen Daseins. In
Sartres Drama ›Bei geschlossenen Türen‹ begegnen sich die Seelen

Die wichtigsten Vertreter des Existenzialismus

Sartre: Dramen: ›Les mouches‹ (Die Fliegen, 1943), ›Huis Clos‹ (Bei geschlossenen Türen, 1944); Romane: ›La nausée‹ (Der Ekel, 1938), ›Les mots‹ (Die Wörter, 1963).

Camus: Dramen: ›Le malentendu‹ (Das Missverständnis, 1944), ›Caligula‹ (1945), ›Les justes‹ (Die Gerechten, 1949); Romane: ›La peste‹ (Die Pest, 1947), ›La chute‹ (Der Fall, 1956), ›L' Étranger‹ (Der Fremde, 1942).

Weitere Autoren: Simone de Beauvoir, Boris Vian, Jean Anouilh, Henri Michaux, Juliette Gréco

tragisch Gestorbener, die sich gezwungenermaßen miteinander beschäftigen und sich dabei quälen. Die Hölle, aus der keiner entrinnen kann, »ist die Hölle des anderen«.

Camus definierte den Existenzialismus als das Gefühl des Absurden, die Erfahrung, dass das Universum auf die verzweifelten Fragen des Menschen schweigt. Bei aller Absurdität des Daseins gibt es aber noch eine Hoffnung der Verzweifelten, die auf der Freiheit des Individuums beruht. Für Camus führt diese Hoffnung nicht wie für Sartre zur sozialen Umwälzung, son-

Camus erhielt 1957 den Nobelpreis für Literatur.

dern zur Revolte. Durch die Revolte kommt der Mensch schließlich zu sich selbst und kann darin sogar Glück erfahren.

In Camus' Roman ›Die Pest‹ eint das Gefühl des Absurden die Betroffenen. Der Mensch soll sich der Verantwortung für seine Existenz und die der anderen bewusst werden. In ›Der Fremde‹ wird sich die Hauptfigur Meursault, Opfer in einer absurden Welt, angesichts der bevorstehenden Hinrichtung seiner Existenz gewiss.

Das existenzialistische Drama wurde zum Vorläufer des absurden Theaters Eugéne Ionescos, Jean Genets und Samuel Becketts. Der Existenzialismus wirkte über die Literatur, aber auch über zahlreiche Filme auf die junge Nachkriegsgeneration in Deutschland.

Beliebter Treffpunkt der Pariser Existenzialisten: das Café de Flore.

USA: die Pop-Literatur der 60er Jahre

Pop(uläre)-Kunst hat heute den Beigeschmack, Gebrauchskunst zu sein, Verkaufsobjekt auf den Märkten der Massenkultur. Den Umkehrschluss, dass massenhafte Gebrauchskunst auch Pop-Art ist, kann man aber nicht ziehen. Pop-Literatur wie Pop-Art und Pop-Musik waren, bevor sie Massenkultur wurden, ein Gegenstück zur Hochkultur, eine Subkultur, die sich durch Abgrenzung bestimmte. Sie prägte den Lebensstil einer jungen Generation in den

60er Jahren, kam aus Amerika und breitete sich zunächst über die westeuropäische Welt aus, um dann den Siegeszug der Globalisierung (und damit Amerikanisierung) anzutreten.

Die Pop-Literatur nahm Elemente der Pop-Kultur aus Filmen, Musik sowie Werbung auf und rahmte sie neu im literarischen Text. Sie widmete sich Alltagsgegenständen und zeigte wie die Kunst Andy Warhols und Roy Lichtensteins, dass es in einer Massenkultur keine Originale mehr gibt. In Amerika trat sie zuerst mit der Literatur der Beatgeneration in Erscheinung, die von Jack Kerouac (›Unterwegs‹, 1959), Allen Ginsberg (›Geheul‹, 1959) und J. D. Salinger beeinflusst wurde. Vor allem die Gedichte des New Yorker Beat-Lyrikers Frank O' Hara (›Lunch Poems‹, 1969) wurden im Deutschland der 60er Jahre bekannt. Typisch für die Beat-Texte war, dass sie rhythmisch geschrieben wurden und eine Folge von Bildvorstellungen hervorrufen sollten.

Aus dem Comic, der Rock'n'Roll-Musik und den Undergroundfilmen kam weitere Inspiration: Schrift und Bildbotschaften hielten die augenblickliche Wahrnehmung oberflächlich fest, man versuchte die Grenzen zwischen Fantasie und Wirklichkeit zu überwinden. Die Underground-Literatur radikalisierte später die Wahl der Themen und Ausdrucksformen, die rau und obszön wurden. Am bekanntesten sind in Deutschland William S. Burroughs (›Junkie‹, 1963) und Charles Bukowski – beide Provokateure mit einer skandalträchtigen Behandlung von Drogen- und Sex-Themen, die die individuelle Existenz gegen die Gesellschaft ausspielt. Für Underground-Literatur ist das Ineinandermontieren von Text- und Bildvorlagen ohne Rücksicht auf Kompatibilität typisch, so genannte »Cut-up-Experimente«, die oft aus Gemeinschaftsarbeit ohne individuelle Autorschaft hervorgingen.

Wichtige Literatursammlungen

›Acid. Neue amerikanische Szene‹. Hg. v. R. D. Brinkmann, 1969.

›Beat. Eine Anthologie‹. Hg.v. O. Paetel, 1962.

›Fuck you! Underground poems‹. Hg.v. R.-R.- Rygulla, 1968.

Von amerikanischer Pop-Literatur vorübergehend beeinflusste deutschsprachige Autoren in den 60er und frühen 70er Jahren sind Rolf Dieter Brinkmann, Elfriede Jelinek, Peter D. Chotjewitz, Wolf Wondratschek, Peter Handke und H. C. Artmann; in den späten 70er Jahren bis zur Gegenwart: Hubert Fichte, Reinald Goetz, Jörg Fauser, Christian Kracht und Benjamin v. Stuckrad-Barre.

Meisterwerke

Ilias (ca. 750 v. Chr.)
Epos von Homer

Die ›Ilias‹ ist eines der beiden großen Versepen, die Homer zugeschrieben werden. Sie ist nach der griechischen Stadt *Ilion* = Troja benannt: heute eine der ältesten und berühmtesten archäologischen Fundstellen in der Nordwesttürkei, die schon seit 3000 v. Chr. besiedelt war. Um 1200 datiert man die Zerstörung der Stadt.

Zehn Jahre dauerten die Kämpfe um die belagerte Stadt, von denen Homer erzählt. Dieser Zeitraum wurde in der ›Ilias‹ auf 51 Tage verdichtet. 24 Bücher umfasst das Epos, das wie Homers anderes berühmtes Werk, die ›Odyssee‹, in Hexametern (also sechshebigen Rhythmen) gedichtet ist. Man nimmt an, dass der Erzählstoff dieser 12 000 Verse auf mündlichen Überlieferungen fußt, die bis in das 2. Jahrtausend v. Chr. zurückreichen. Homer hat hieraus in der zweiten Hälfte des 8. Jh. v. Chr. dramatisch und kunstvoll das erste große Werk der Weltliteratur gestaltet. ›Ilias‹ und ›Odyssee‹ sind die bedeutendsten antiken Epen, sie wurden von vielen Gebildeten auswendig gelernt und bildeten seit dem 6. Jh. v. Chr. die Grundlage für Schulbücher.

Das Zentralmotiv der Erzählung erfährt man schon in der ersten Zeile: »Singe den Zorn, o Göttin, des Peleiaden Achilleus.« Der herausragende Krieger des griechischen Heeres, das die Festung Troja belagert, befindet sich im Streit mit seinem Heerführer Agamemnon. Weil dieser die gefangen genommene Tempeldienerin des Apollon, Chryseis, nicht freilassen wollte, wurden die Belagerer mit einer Seuche bestraft. Chryseis kommt schließlich frei, aber Achill muss Agamemnon als Ersatz seine eigene Gefangene, die schöne Briseis, herausgeben. Das demütigt den Helden, der beschließt, an dem Kampf nicht mehr teilzunehmen.

Die Folgen für die Belagerer sind verheerend: Der trojanische Gegner Hektor kann mit seinem Heer bis zu den Schiffen der Griechen vordringen und droht, diese in Brand zu stecken. Patrokles bittet seinen Freund Achill, ihm seine Rüstung zu leihen, um gegen die Trojer zu kämpfen. Es gelingt ihm zwar, die Gegner bis an die Stadtmauern zurückzudrängen, doch er wird von Hektor getötet. Achill empfindet Trauer um den geliebten Freund. Sein Zorn richtet sich nun nicht mehr gegen Agamemnon, sondern gegen Patroklos' Mörder Hektor. Er versöhnt sich mit Agamemnon, der ihm Briseis zurückgibt, und beschließt den Freund zu rächen.

Nachdem ihm Hephaistos, der Gott des Feuers, eine neue Rüstung geschmiedet hat, nimmt er wieder an den Kämpfen teil, obwohl ihm der eigene Tod geweissagt wird. Achill wütet im Heer der Trojer, von denen er zahlreiche tötet. Schließlich fällt auch Trojas berühmtester Kämpfer, Hektor, im Zweikampf. Achills unersättlicher Rachedurst wird aber erst gestillt, nachdem er den Leichnam des Feindes mehrmals um die Stadtmauern geschleift hat. Schließlich gewährt er dem Trojerfürst Priamos, Hektors Vater, die Herausgabe des Leichnams für eine ehrenvolle Bestattung. Achills Tod im Kampf sowie die Eroberung und Zerstörung der Stadt werden in der ›Ilias‹ nicht mehr beschrieben.

Das »Moderne« an dem antiken Versepos sind die menschliche Darstellung der Hauptakteure sowie verschiedene Erzähltechniken wie Rückblenden – z. B. auf den Anlass des Krieges: die Entführung Helenas –, wie man sie auch aus Romanen kennt. Daher hat man nach der Lektüre den Eindruck, die Geschichte des gesamten Trojanischen Krieges miterlebt zu haben, obwohl sich die geschilderte Handlung nur auf einige Wochen zu Beginn des zehnten Kriegsjahres erstreckt. Geschickt werden Parallelhandlungen eingeflochten, von denen die wichtigste das Geschehen im Götter-

Trojanisches Pferd, Bild auf einem korinthischen Salbgefäß, 5. Jh. v. Chr.
Das Trojanische Pferd kommt in der ›Ilias‹ nicht vor und wird nur rückblickend in der ›Odyssee‹ erwähnt. Der letzte, schließlich erfolgreiche Versuch, Troja zu erobern, ging auf Odysseus' List zurück, ein hölzernes Pferd
zu bauen, in dem er sich mit den tapfersten Männern versteckte. Nur zum
Schein verließ das griechische Heer die belagerte Stadt. Die ahnungslosen
Trojer, die das Pferd für ein Weihgeschenk hielten, brachten es trotz Lao-
koons Warnung in die Stadt. Nachts stieg die Mannschaft unter Odysseus'
Führung aus dem Pferd, rief die Flotte durch Feuerzeichen zurück und öff-
nete das Tor. In einem grausamen Gemetzel kamen die Trojer um. Nur Äneas
gelang die Flucht. Er wurde der Sage nach zum Gründer Roms.

himmel ist. Vom Olymp aus beobachtet die Götterfamilie die
Schlacht und plant deren Ausgang. Es bilden sich verschiedene
Parteien, die ihre Schützlinge – Trojer oder Griechen – beraten und
auch tatkräftig unterstützen. Hera, Athene und Poseidon stehen
auf der Seite der Griechen, Apollon, Aphrodite und Ares helfen den
Trojern. Schließlich überträgt sich gar der irdische Konflikt auf den
Götterhimmel, bis es dem Göttervater Zeus gelingt, den olympi-
schen Streit zu schlichten und eine Einigung über die Schicksale
der Irdischen durchzusetzen. Die Konsequenz dieser göttlichen
Entscheidungen ist die Eroberung Trojas.

Obwohl in diesem Werk vor allem von Kämpfen erzählt wird, hat man als Leser den Eindruck, in eine fremde Welt versetzt zu werden, die mehr ist als der kriegerische Plot. Im Kontrast dazu werden denn auch friedliche Lebensbereiche in gleichnishafter Form ausführlich geschildert. Über Jahrtausende faszinierten die Fülle und der Reichtum des Ausdrucks in der »Ilias« die Leserschaft. Die Menschendarstellungen und die Breite der geschilderten Lebenswirklichkeit lassen das sehr lebendige Bild eines Weltganzen vor den Augen der Leser entstehen.

Tausendundeine Nacht (800–1000) (Alf Laila Wa-Laila) Sammlung von Erzählungen

»Aladin und die Wunderlampe«, »Sindbad der Seefahrer«, »Ali Baba und die vierzig Räuber« sind noch heute in Jugendbüchern, Comics oder Zeichentrickfilmen präsent, und ihre Beliebtheit überträgt sich von Generation zu Generation. Die Geschichten aus ›Tausendundeiner Nacht‹ sind eine große Ausnahmeerscheinung, da sie als einzige Literatur aus einem fremden Kulturkreis vollständig in den europäischen eingegangen sind.

Doch nur die wenigsten der im 18. Jahrhundert vom Arabischen ins Französische (1704–1717 von Antoine Galand) übertragenen knapp 300 Geschichten sind uns bekannt. Sie umfassen Märchen, Novellen, Legenden, Fabeln, Liebes- und Abenteuergeschichten. Am zutreffendsten kann man sie vielleicht als fantastische Geschichten mit realistischen Bezügen beschreiben, von denen viele einen lehrhaften Charakter haben.

Zusammengehalten werden sie durch eine Rahmenhandlung: Der König Schehrijär (arab.: Träger der Herrschaft) rächt sich an der Treulosigkeit der Frauen, indem er sich jede Nacht eine andere Frau nimmt, um sie am darauf folgenden Morgen töten zu lassen.

Szene aus den ›Geschichten
von Sindbad, dem Seefahrer‹,
Ausgabe aus dem 18. Jh.

Scheherezade (pers.: edel von Art), die kluge Tochter eines Wesirs, rettet sich durch eine List: Sie hält ihn 1001 Nächte mit Geschichtenerzählen so in Spannung, dass er sie, nachdem sie ihm schon drei Söhne geboren hat, heiratet.

Vielleicht faszinieren uns Europäer Scheherezades Geschichten so sehr, weil sie bei allem geistigen Reichtum von heiterer Leichtlebigkeit und Sinnlichkeit sind. Das hat viel zu tun mit der alten europäischen Sehnsucht nach dem Orient, in dem man ein Gegenstück zur eigenen Kultur suchte. Aladin mit seiner Wunderlampe und dem Zauberring ist ein Glückspilz, der trotz seiner Naivität den Nachstellungen seiner missgünstigen Gegner entkommt und sich ohne eigentliche Leistung zum mächtigen und beliebten Herrscher entwickelt.

Sindbads Seefahrten dienen nicht irgendwelchen Handelsinteressen, sondern einer unersättlichen Neugier. Dennoch wird er

2004 erschien im Hörbuch Hamburg Verlag der komplette Zyklus des arabischen Originals in neuer deutscher Übersetzung auf insgesamt 24 CDs in einer hervorragenden Audiofassung. Die Gesamtlänge der Lesung liegt bei knapp 27 Stunden, als Sprecher treten auf: Eva Mattes, Marlen Diekhoff, Charlotte Schwab, Elisabeth Schwarz, Katja Riemann und für die Rahmenerzählung Heiko Deutschmann.

reich und lässt andere an seinem Reichtum teilhaben. Schuldempfinden ist den Figuren fremd, nicht die Moral, sondern Schönheit und Reichtum überzeugen. Liebe und Sexualität, Schönheit und Erotik gehören wie selbstverständlich zusammen.

Die Geschichten, deren Schauplätze oft die hochkultivierten arabischen Städte des Mittelalters mit ihren Palästen und Gärten sind, wurden über Jahrhunderte zusammengetragen und sind sehr unterschiedlicher Herkunft: Sie stammen aus Indien, Persien, Syrien und Ägypten. Die ersten Geschichten wurden schon im 8. Jahrhundert in Bagdad ins Arabische übersetzt und seitdem bis ins 16. Jahrhundert kontinuierlich erweitert. Dank der Islamisierung dieser sehr verschiedenen Stoffe und Erzählformen konnte eine gewisse Einheitlichkeit erreicht werden, die auf die Welt Allahs zentriert ist, in der allerdings auch Juden und Christen ihren Platz haben. Man hat die vielfältig miteinander verschlungenen Motive der Erzählungen daher auch mit den Webmustern bunter orientalischer Teppiche verglichen.

Das Nibelungenlied (ca. 1200) – Heldenepos

Was für die Griechen die ›Ilias‹ war, war lange Zeit für die Deutschen das ›Nibelungenlied‹: *das* Nationalepos (das es heute natürlich nicht mehr ist). Doch der Sagenstoff hat in unterschiedlichsten

Formen fortgelebt – in dem immer wieder aufgeführten ›Ring des Nibelungen‹ von Richard Wagner etwa oder dem Nibelungen-Drama Hebbels oder ganz einfach als Sagenschatz in Jugendbuchausgaben. Der Held Siegfried, der hinterhältige Hagen, der Zwerg Alberich und das Rheingold, die beleidigte Brunhilde und die rachsüchtige Kriemhild gehören zu unserem Kulturschatz.

Schon im Mittelalter war man von Helden beeindruckt, die natürlich größer und stärker sein mussten als die realen Personen. Der Rückgriff auf uralte Überlieferungen lag daher nahe. Die Motive und Gestalten des Nibelungenliedes reichen zurück bis in die Zeit der Völkerwanderung. Die lag schon in der Entstehungszeit des Nibelungenliedes sehr weit zurück: wie von unserer heutigen Zeit aus betrachtet das ausgehende Mittelalter.

Man weiß nur so viel, dass die Niederschrift wahrscheinlich um 1200 am Hof des Bischofs Wolfger in Passau erfolgte. Die Handschrift wurde 1755 auf Burg Hohenems entdeckt und von Bodmer 1757 erstmalig in Auszügen veröffentlicht. In der vorliegenden Form kombiniert das Nibelungenlied als hochentwickelte Kunstform germanische Sagenstoffe vor allem der altnordischen ›Edda‹ und des ›Hildebrandliedes‹ mit mittelalterlichen Ritter-Themen und spielmännischen Abenteuerschilderungen. Es enthält auch Märchenelemente, Natursymbole und religiöse Motive, die auf sehr unterschiedliche Quellen zurückgehen. 2300 »Nibelungenstrophen«, die sich aus je vier Langzeilen zusammensetzen, umfasst das Werk des unbekannten Verfassers. Trotz der vielfältigen Stoffe erscheint das Werk wie aus einem Guss.

Die Handlung beginnt mit dem zweifelhaften Unternehmen des Burgunderkönigs Gunther, mit Hilfe des dank Tarnkappe unsichtbaren Helden Siegfried die starke Königin Brunhilde als Frau zu erobern und in der Hochzeitsnacht gefügig zu machen. Dabei entwendet Siegfried Brunhildes Ring und Gürtel. Als Gegenleistung erhält Siegfried Gunthers schöne Schwester Kriemhild zur Frau, der er diese »Trophäen« schenkt. Die beiden Frauen streiten im folgenden um ihren gesellschaftlichen Rang. Kriemhild belei-

Textseite mit Illustration aus dem
›Hundeshagenschen Codex‹,
15. Jh.

digt Brunhilde tödlich, als sie ihr bei einem Fest in Worms Gunthers und Siegfrieds schändliches Komplott nachträglich enthüllt, indem sie Ring und Gürtel vorweist. Siegfrieds neidischem Widersacher Hagen ist dies willkommener Anlass, als Brunhildes Verbündeter Siegfried hinterhältig zu ermorden. Die entscheidende Information über Siegfrieds Verwundbarkeit hat er vorher mit einer List ausgerechnet Siegfrieds Frau Kriemhild entlockt. Die schreckliche Tat endet damit, dass Hagen Siegfrieds Leiche vor Kriemhilds Schlafgemach legt. Schließlich stiehlt er Kriemhild auch noch den Nibelungenschatz und versenkt ihn im Rhein.

Der zweite Teil handelt davon, wie sich die mit dem mächtigen Hunnenkönig Etzel neu verheiratete Kriemhild an Hagen und ihrem Bruder Gunther rächen will. Als ihre Brüder mit ihrem Gefolge, darunter auch Hagen, als Gäste am Hof Etzels eingekehrt

Ausgaben

Zweisprachige Ausgabe: ›Das Nibelungenlied‹. Mittelhochdeutscher Text und Übertragung. Herausgegeben, übersetzt und mit einem Anhang versehen von Helmut Brackert. 1970
Übersetzung: ›Das Nibelungenlied‹. Herausgegeben und übersetzt von Günter Kramer mit Illustrationen von Ernst Barlach. 1982
Poetische Nacherzählung für Kinder: Franz Fühmann: ›Das Nibelungenlied‹, 1971
Literarische Verarbeitungen: Friedrich de la Motte Fouqué: ›Der Held des Nordens‹ (1808–10); Friedrich Hebbel: ›Die Nibelungen‹ (Uraufführung 1861); Franz Fühmann: ›Der Nibelungen Not‹ (Gedicht, 1956); J. Fernau: ›Disteln für Hagen‹ (1966); J. Lodermann: ›Der Mord‹ (1995).

sind, geschieht, was sich schon durch zahlreiche Vorwarnungen abgezeichnet hat: Kriemhild befiehlt den Überfall auf die Burgunden. Es kommt zu einem heftigen Gemetzel: Zahlreiche Hunnen, ihre Verbündeten sowie alle Burgunden, aber auch Kriemhild und ihr Sohn werden getötet. Damit sind zwei Königshäuser ausgelöscht. Der einzig wahre Held ist am Ende Dietrich von Bern, der immer wieder versucht hatte, den Rachegelüsten beider Seiten Einhalt zu gebieten, und Gerechtigkeit forderte. Gegen seinen Willen war er in den Kampf hineingezogen worden, den er beendete, indem er Hagen und Gunther überwand.

Die Göttliche Komödie (1307–1321)
Episches Gedicht von Dante Alighieri

Als Heinrich Heine in seinem ›Wintermärchen‹ den preußischen König vor der Macht der dichterischen Feder warnte, berief er sich auf Dantes ›Göttliche Komödie‹ (La Divina Commedia). In der

Hölle (»Inferno«) sind die großen Herrscher aller Zeiten auf ewig eingesperrt. Heute nimmt sich eine solche Warnung naiv aus, weil man an die Macht des dichterischen Wortes nicht mehr glaubt, aber sie gibt doch eine Vorstellung von der enormen Wirkung dieser Dichtung über die vielen Jahrhunderte.

Dante Alighieri (1265-1321) dichtete ›La Commedia‹ im Exil: Als 1301 die schwarzen Guelfen mit der Unterstützung des Papstes Bonifaz VIII. die Stadt Florenz eroberten, wurde er aus seiner Heimat vertrieben. Das epische Gedicht beginnt damit, dass sich der Erzähler in einem Wald verirrt. In der Mitte seines Lebens ist er in eine Krise geraten und macht sich auf die Suche nach dem Lebenssinn. Der antike Dichter Vergil, Dantes großes Vorbild, führt ihn in eine jenseitige Welt – durch die jenseitigen Reiche der Hölle, des Läuterungsberges und des Paradieses. Die verehrenswürdige Figur, Beatrice – Vorbild war Dantes frühere Geliebte –, übernimmt die Führung durch die hoffnungsvolleren Welten und begleitet den Erzähler beim Aufstieg in das Paradies.

Auf der Reise trifft er immer neue Seelen Verstorbener. Je nachdem, in welchem Höllen- oder Läuterungskreis diese angesiedelt sind und was ihnen im Jenseits widerfährt, erkennt man, wie die göttliche Gerechtigkeit über ihr Leben geurteilt hat. Judas, der Verräter Christi, und Brutus, Cäsars Mörder, werden am tiefsten Punkt der Hölle von Luzifer zermalmt.

Mitleiderregend ist die Beschreibung des unglücklichen Liebespaares Paolo und Francesca (da Rimini), die sich von irdischem Verlangen hinreißen ließen, gegen die göttliche Ordnung zu verstoßen. Auch Homers Odysseus muss in der Hölle büßen, weil er den Trojanern das hölzerne Pferd unter Vortäuschung religiöser Motive aufgedrängt hat.

Unter den 600 Namen sind historisch bekannte Figuren wie Barbarossa, die mittelalterlichen Päpste und Maler wie Giotto, aber auch historisch unbekannte Personen. Im Jenseits verbindet sich die lateinisch-antike mit der christlichen Welt. Dante sah seine Mission als Dichter darin, den Menschen mitzuteilen, welche

Eugène Ferdinand Victor Delacroix: ›Dante und Vergil in der Hölle‹
(›Die Dante-Barke‹), 1822.

die Konsequenzen ihres Handelns nach dem Tode sind, um sie zur Umkehr von Irrwegen zu verleiten. Hochpolitisch und waghalsig war diese Dichtung, da Dante auch Päpste und Kaiser nicht ausnahm, denen er wegen Machtmissbrauchs die Schuld am Niedergang der Menschheit gab. Persönliches geht ein, wenn der von Dante gehasste Papst Bonifaz VIIII. in der Hölle schmort, während seinem Zeitgenossen Heinrich VII. von Luxemburg, dem kurzzeitigen deutschen Kaiser, schon ein Platz im Paradies reserviert ist. Wie sehr die Menschen verkommen sind, zeigt sich in Schreckensvisionen von Personen, die zu schmutzigen Schweinen und kläffenden Hunden geworden sind.

Die ›Commedia‹ ist unterteilt in drei große Einheiten, in denen die drei jenseitigen Reiche dargestellt werden: Diese bestehen wiederum aus jeweils 33 Gesängen. Die kleinste Einheit sind die Terzinen, die sich aus drei gereimten Versen zusammensetzen. Die Zahl drei ist natürlich nicht ohne Bedeutung, sie bezieht sich auf die christliche Vorstellung von der Heiligen Dreifaltigkeit. In dieser sinnfälligen Form formuliert sich der Erlösungsanspruch dieses Kunstwerkes, das der universalen christlichen Kultur des Mittelalters entstammt. Auf die Frage, warum er die eher tragisch anmutende Dichtung »Komödie« nannte, gab Dante die Antwort, dass die Reise zwar schrecklich begänne, aber glücklich im Paradies ende.

Dieses gewaltige Sprachkunstwerk des späten Mittelalters enthält viele tragische, komische und satirische Stilformen, die Alltägliches und Groteskes mit Feierlichem verbinden. Dante schrieb sein Gedicht nicht, wie damals üblich, auf Latein, sondern in seiner italienischen Muttersprache, weil er auf die Menschen seiner Zeit einwirken wollte. In Italien gilt er deshalb heute als historischer Spracherneuerer.

Die ›Göttliche Komödie‹ ist ein Meisterwerk der italienischen Literatur, das mit der Bedeutung der Werke Shakespeares für die englische und der von Goethes ›Faust‹ für die deutsche Kultur verglichen werden kann. Sie gilt als eines der schwierigsten Werke der Weltliteratur: Für das volle Verständnis sind die beste Kenntnis des Alten und Neuen Testaments, der antiken Autoren Vergil, Ovid, Lukan, Cicero und Augustin sowie von Texten des Mittelalters Voraussetzung. Daher sind die heutigen Ausgaben reichlich mit Kommentaren versehen.

Der Simplicissimus (1668) – Roman von Hans Jakob Christoffel von Grimmelshausen

Hans Jakob Christoffel von Grimmelshausen wird als Begründer des deutschen Prosaromans angesehen, das Werk geht auf Grimmelshausens Erfahrungen im Dreißigjährigen Krieg zurück.

Im hessischen Gelnhausen wuchs er im einfachen, protestantischen Bürgermilieu auf und geriet mit 15 Jahren unter die Söldner. Den Krieg musste er bis zum Ende mitmachen. Später konvertierte er zum katholischen Glauben und arbeitete als Gutsverwalter. Die letzten Jahre seines Lebens verbrachte er in Renchen, wo er im Dienst des Bischofs von Straßburg arbeitete.

Fünf Bücher umfasst der Roman, der 1668 erschien, erzählt wird die Lebensgeschichte eines einfältigen Mannes, eben des Simplicius. Es wird erzählt, wie sich der Antiheld durchs Leben schlägt

 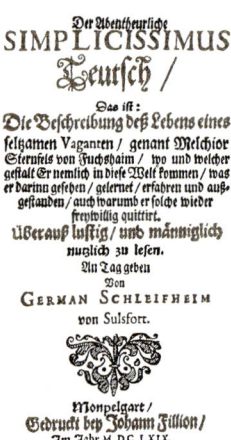

Faksimile der Titelseiten, 1669.

Der Titel seines Schelmenromans, den man heute in dieser Form eher als Klappentext verwenden würde, lautet: »Der Abentheuerliche Simplicissimus Teutsch, Das ist: Die Beschreibung dess Lebens eines seltzamen Vaganten genant Melchior Sternfels von Fuchshaim wo und welcher gestalt er nemlich in diese Welt kommen was er darinn gesehen gelernet erfahren und aussgestanden auch warumb er solche wieder freywillig quittiert. Überaus lustig und maenniglich nutzlich zu lesen. An Tag geben von German Schleifheim von Sulsfort.«

und wie er sich entwickelt. Dieser wächst bei einem Einsiedler auf, gerät dann in die Wirren des Dreißigjährigen Krieges und erlebt als Soldat zahlreiche Abenteuer, die mal humorvoll, mal satirisch geschildert werden. Zunächst gerät der naive Jugendliche in die Obhut eines Stadtkommandanten, für den er den Narren spielen muss. Von umherstreifenden Söldnern entführt verkleidet er sich als Frau, um sich dem kriegerischen Treiben zu entziehen.

Nach seiner Befreiung macht er sich im kaiserlichen Heer einen Namen als »Jäger von Soest«. Er wird im doppelten Sinne gefangen genommen: Denn es »droht« ihm eine erzwungene Ehe, die aber nur kurz währt, da es ihn schon bald über Köln nach Paris verschlägt. Nach amourösen Abenteuern im »Venusberg« schlägt er sich als Quacksalber und einfacher Musketier durch, gewinnt und verliert ein Vermögen, unternimmt mit seinem Freund »Herzbruder« eine Pilgerfahrt, gelangt nach Wien, wird Offizier, will sich dann als Bauer im Schwarzwald niederlassen. Aber sein rastloses Wanderleben treibt ihn weiter quer durch fremde Länder. Nach einer langen Pechsträhne wird er wieder dahin geführt, wo er hergekommen ist: Er beendet sein Leben als Einsiedler mit der Absage an die Welt.

Der ›Simplicissimus‹ fand großen Anklang bei Grimmelshausens Zeitgenossen und zog eine große Anzahl von Nachahmern – Simpliciaden – nach sich. Entscheidend aber war seine Wirkung als Entwicklungsroman. Auch Goethes Bildungsroman greift auf dieses Modell zurück: In einem Gespräch mit Wilhelm Grimm fand der schon gealterte Dichterfürst die Lektüre des ›Simplicissimus‹ erwähnenswert. Für alle späteren Dichter, die sich auf barocke Traditionen bezogen, war Grimmelshausens Werk eine Fundgrube, selbst in unserer Zeit wurde die Tradition des Schelmenromans immer wieder aufgegriffen, u. a. von Thomas Mann, ›Felix Krull‹ (1922/1954), Günter Grass, ›Blechtrommel‹ (1959), oder Peter Paul Zahl, ›Die Glücklichen‹ (1986).

Faust (Teil I: 1808, Teil 2: 1832)
Tragödie von Johann Wolfgang von Goethe

Zahlreiche Verfilmungen und ständig neue Theateraufführungen scheinen die dauerhafte Aktualität des ›Faust‹ zu beweisen. Als Sage hat das Leben des Doktor Faustus schon vor Goethes Zeit immer wieder Menschen in ihren Bann gezogen. Goethe hat die Puppenspielversion wahrscheinlich bereits in seiner Kindheit gesehen und später das Volksbuch gelesen. Literarische Faust-Verarbeitungen waren von Marlowe, Lessing und Goethes Sturm-und-Drang-Freund Klinger bekannt. Aber erst Goethe machte den Stoff zum universalen Menschheitsdrama und inspirierte nachfolgende Dichter- (Grabbe, Lenau, Heine, T. Mann) und Musikergenerationen (Boitos, Liszt, Schumann, Berlioz, Mahler).

Goethes ›Faust, Tragödie in zwei Teilen‹ beginnt mit der persönlichen Tragödie des Wissenschaftlers Faust, der in seinem Erkenntnisstreben an der Beschränktheit der akademischen Disziplinen verzweifelt. In seiner Ausweglosigkeit versucht er, die Schranken seines Bewusstseins durch Magie zu überwinden, wird aber vom Erdgeist in seine Grenzen gewiesen. Die Osterglocken halten den Desillusionierten vom Freitod ab.

Beim Osterspaziergang schließt sich ihm ein Pudel an. »Des Pudels Kern« entpuppt sich als Mephistopheles – der Teufel persönlich. Der stellt sich als Geist der Verneinung und Vernichtung vor, bietet Faust aber einen verlockenden Pakt an: Lässt dieser sich durch Mephistos Willen manipulieren, dann blüht ihm Verdammnis, strebt er weiter nach Wahrheit, dann kann er erlöst werden.

Faust kehrt dem Kerker der Gelehrsamkeit den Rücken und stürzt sich ins pralle Leben. Nach der burlesken Zauberszene beim Saufgelage in Auerbachs Keller unterzieht er sich einer Verjüngungskur in der »Hexenküche«, die seine Triebe weckt. Es folgt die Verführung Gretchens, Mephisto unterstützt ihn dabei. Hier nimmt die Tragödie Gretchens ihren Lauf: Sie wird mitschuldig am Tod ihrer Mutter und ihres Bruders Valentin, und sie tötet verzweifelt ihr Kind, worauf sie geistig verwirrt auf ihre Hinrichtung wartet. Doch Mephisto bleibt nicht Sieger. Fausts Liebe zu Gretchen übersteht auch die Massenorgie auf dem Blocksberg, von Gretchens Schicksal im Kerker erschüttert, fällt Faust in einen Heilschlaf.

Hier beginnt der zweite Teil: Faust erwacht in der »großen Welt«, am Hof eines von Krisen gebeutelten spätmittelalterlichen Kaiserreichs. Mephisto fingiert durch finanztechnische Tricks einen Ausweg, was die Krise einerseits beschleunigt, andererseits

---

Geflügelte Worte aus dem ›Faust‹

»Aus den Augen, aus dem Sinn« (Faust I)

»Zu neuen Ufern lockt ein neuer Tag.« (Faust I)

»Die Kunst ist lang, / Und kurz ist unser Leben.« (Faust I)

»Das also war des Pudels Kern.« (Faust I)

»Das Wunder ist des Glaubens liebstes Kind.« (Faust I)

»Name ist Schall und Rauch.« (Faust I)

»Selbst ist der Mann! Wer Thron und Kron begehrt, / Persönlich sei er solcher Ehren wert!« (Faust II)

»Das Ewigweibliche zieht uns hinan.« (Faust II)

»Was ehemals Grund war, ist nun Gipfel. / Sie gründen auch hierauf die rechten Lehren, / Das Unterste ins Oberste zu kehren.« (Faust II)

der höfischen Gesellschaft die Flucht in Scheinwelten ermöglicht. Faust beschwört vor den Augen des Kaisers die antike Helena als Urbild menschlicher Schönheit und Kunst, doch die Wiederherstellung des einstigen Mythos misslingt – und Faust verliert erneut das Bewusstsein.

Die nächste Szene in Fausts Studierzimmer beginnt mit einem Gelehrtendisput, einer Satire auf den akademischen Betrieb. Wagner sucht einen Menschen aus der Retorte zu fabrizieren. Der »Homunculus«, der mit Hilfe Mephistos entsteht, schwebt mit Faust und Mephisto im Gefolge ins antike Griechenland, wo sie in der »klassischen Walpurgisnacht« dem Kult um den Eros beiwohnen. Die Phiole des Homunculus zerschellt, und der künstliche Mensch fällt ins Meer. Dort muss er durch Verwandlungen seine Naturwerdung nachholen. Aus der Natur und dem künstlerischen Eros entsteht Helena.

In der nun folgenden fantastischen Szene fallen die Schranken von Zeit und Raum: Helena flieht vor Menelaos aus Griechenland an die mittelalterliche Burg des germanischen Heerführers Faust. Sie zeugen einen Sohn: Euphorion, er ist die Verkörperung der Poesie. Auf seinem Höhenflug stürzt er sich aber zu Tode. Helena verschwindet im Hades, Faust landet wieder im deutschen Kaiserreich, in dem der Aufruhr ausgebrochen ist. Mit Mephistos Unterstützung gelingt es ihm, dem Kaiser im letzten Moment zum Sieg zu verhelfen. Als Dank erhält Faust einen Küstenstreifen, auf dem er die »zwecklose Kraft ungebändigter Elemente« einem großen Kolonisationswerk unterwerfen will. Das geht mit Mephistos Unterstützung nicht ohne Grausamkeit vor sich: Das am Ufer lebende friedliche alte Paar Philemon und Baucis muss sterben. Seine Pionierbegeisterung macht Faust blind für die Einsicht in das begangene Unrecht. Als er glaubt, in »diesem Augenblicke« befriedigender Tat und Machtausübung »verweilen« zu können, stirbt er und Mephisto vermeint die Wette gewonnen zu haben. Faust entgeht aber dennoch der Hölle, weil er sich »immer strebend« bemühte, und wird Teil eines höherstrebenden Verwandlungsprozesses.

Goethe hat seinen ›Faust‹ als die Quintessenz seines Schaffens bezeichnet. Seit seiner Jugend bis an sein Lebensende hat er an diesem Werk gearbeitet. Es enthält die verschiedensten Stadien seiner geistigen Entwicklung und erfasst aus diesen unterschiedlichen Perspektiven die Grunderfahrungen der Menschheit. Das Stück wird als Tragödie betitelt: Es ist die Tragödie des Wissenschaftlers, des Liebenden, des Künstlers und des Politikers.

Genauso gut ist es aber eine Komödie (das Verhältnis Gott und Mephisto) oder eine Satire auf die Wissenschaft. Erhabenes mischt sich mit Obszönem, Tragisches mit Komischem, lyrische, epische und dramatische Züge sprengen jeglichen Gattungsrahmen. Die Musikalität der Vers- und Reimformen verleiht insbesondere Teilen aus ›Faust‹ sogar Opernhaftes. Die Monumentalität des Werkes erschwert immer wieder die Inszenierung, so dass man sich meist auf den ersten Teil beschränkt.

Krieg und Frieden (1868/69)
Roman von Leo Tolstoi

Der Verfasser dieses gigantischen Jahrhundertwerks wurde in einem amerikanischen Ranking der Persönlichkeiten, die in unserem Jahrtausend am stärksten gewirkt haben, nach Dante und Shakespeare unter den Ersten genannt. Der schreibende russische Fürst Leo Tolstoi, der die Bedeutung seines ›Krieg und Frieden‹ erkannte, hat es selbstbewusst neben die ›Ilias‹ gestellt. Äußerlich der Familiensaga verwandt, wurde es zum russischen Nationalepos.

Das Thema war der für die russische Identität so bedeutende »Vaterlandskrieg« (1805–1812), an dessen Ende der Sieg über Napoleon stand. Wichtiger aber war dem Schriftsteller, seiner Liebe zum Leben und dem Glauben an die Zukunft Ausdruck zu verleihen. Der Erzählung, die vom Schicksal einiger adeliger Familien in den ersten beiden Jahrzehnten des 19. Jahrhunderts handelt, liegt Tolstois eigene Familienchronik zugrunde: Die beiden Hauptfiguren Andrej Bolkonskij und Pierre Bezuchov, Sprösslinge aus dem russischen Hochadel, sind sehr verschieden, verkörpern aber beide autobiografische Züge des Verfassers. Nachdem Andrej den Glauben an den Ruhm auf dem Schlachtfeld verliert, erkennt er auf dem Sterbebett, dass der Sinn des Lebens die selbstlose Liebe ist.

Als Pierre während des Brandes von Moskau dem einfachen Bauernsoldaten Karatjew begegnet, kommt das zentrale Thema der moralischen Läuterung ins Spiel: Durch schwere Schicksalsschläge und die Begegnung mit der russischen Volksseele erfährt Pierre, dass die moralische Wahrheit über die brutale Gewalt triumphiert – eine Grundüberzeugung, in der sich der Glaube des Verfassers spiegelt: Es ist das Volk, das in die Geschichte eingreift und letztlich auch den großen Sieg über Napoleon erringt. Selbst der Wille Napoleons, »das nichtigste Werkzeug der Geschichte«, unterliegt einem anonym wirkenden Schicksal. Der russische General Kutusow hingegen verkörpert den gewöhnlichen Menschen, der seinen

Leo Tolstoi, Gemälde von Ilja Repin, 1901.

Willen der Vorsehung unterordnet und an den Sieg seelischer Größe glaubt. Napoleon unterliegt nicht dem russischen Heerführer, sondern der russischen Erde, dem russischen Volk, letztlich dem »Raum und der Zeit«.

Das harmonische Leben beginnt sich nach dem Krieg neu zu entfalten, Krieg und Frieden stehen in Beziehung zueinander. Die Handlungsstränge des gesellschaftlichen, familiären und militärischen Lebens sind miteinander verknüpft. Im Krieg treten einige Charakterzüge der männlichen Personen stärker hervor und führen auch zu Wandlungen.

Die wichtigste Frauenfigur im Frieden ist Natasha Rostova, die sich vom naiven Mädchen zur reifen Frau entwickelt und in Liebe, Ehe und Kinderreichtum Erfüllung findet. Die Friedensepisoden der Familiensaga enthalten alle möglichen Situationen und erfassen die Totalität des menschlichen Lebens. In der Schilderung der Feiern, Konflikte, Geburts- und Sterbeszenen erweist sich Tolstois realistische Erzählkunst, ebenso in den damit kontrastierenden Kriegsszenen, in denen die historischen Schlachten so geschildert werden, als wäre Tolstoi selber dabei gewesen.

Helden gibt es nicht in diesem Roman, denn immer werden auch die Schwächen der Personen geschildert. Oft stehen gekünstelte Konventionen dem unverfälschten, natürlichen Verhalten gegenüber, in den Naturbeschreibungen verdichten sich die inneren Stimmungen eindrucksvoll. Andrej erlebt die Nichtigkeit irdischer Ruhmessucht angesichts des unendlich hohen Himmels über dem Schlachtfeld. Trotz der tragischen Todesfälle in ›Krieg und Frieden‹ ist das Epos von einer optimistischen und lebensbejahenden Grundstimmung geprägt.

Auf der Suche nach der verlorenen Zeit (1913–1927) – Roman von Marcel Proust

Die ›Suche nach der verlorenen Zeit‹ (A la recherche du temps perdu) war Prousts Lebenswerk. Die markanten historischen Eckdaten der geschilderten 42 Jahre sind das Ende des deutsch-französischen Krieges 1870/71 und das Ende des Ersten Weltkrieges 1918. Beinahe ein Lebenswerk ist auch die Lektüre der 15 Bände mit ihren über 4000 Seiten.

Nicht der immense Umfang dieses literarischen Monstrums erschwert eine schlüssige Wiedergabe des Inhalts, sondern schlicht das Fehlen einer durchgängigen Handlung. Schließlich erzählt dieser »Erinnerungsroman« auch nicht im zeitlichen Nacheinander

Marcel Proust, Porträt 1900.

Marcels Lebensgeschichte, man könnte sie eher mit einem Kaleidoskop vergleichen, in dem sich Teile aus verschiedenen zeitlichen Etappen immer wieder neu zusammensetzen.

Diese verschiedenen Lebensabschnitte entsprechen Prousts grober Unterteilung des Romans: »In Swanns Welt«, »Im Schatten junger Mädchenblüte«, »Die Welt der Guermantes«, »Sodom und Gomorra«, »Die Gefangene«, »Die Entflohene« und »Die wiedergefundene Zeit«.

Die Handlungen sind überwiegend Gesprächshandlungen in den Salons, in denen der Hochadel, jüdische Intellektuelle, Schriftsteller, Maler, Musiker und Ärzte verkehren. Die Zusammenkünfte werden zum Ausgangspunkt ausschweifender Überlegungen und weiterer menschlicher Begegnungen. Meist ist der Erzähler nur ein wenngleich sehr genauer Beobachter, aktiv greift er nur in dem Teil ein, in dem er seine Geliebte Albertine einsperrt, um ihrer habhaft zu werden.

Tatsächlich ist aber auch das Beobachten und Erinnern des Beobachteten eine sehr aktive Tätigkeit, wie sich in der »Wiedergefundenen Zeit« herausstellt. Die Erinnerungstätigkeit vervollständigt erst die Figuren, die in der verfließenden Zeit einem ständigen Wandel unterliegen: Der Geschmack eines in Tee getauchten Gebäcks oder das Geräusch eines an einen Teller schlagenden Löffels lösen Erinnerungen aus und lassen jene Szenen erstehen, in denen diese sinnlichen Eindrücke erstmalig intensiv wahrgenommen wurden. Damit verbunden sind die damals gespürten Gefühle des Glücks oder Schmerzes.

Die »Erinnerungsmethode« besteht nun darin, diese aufsteigenden vergangenen Welten festzuhalten und zu Papier zu bringen. Bei einem Wiedertreffen in dem Salon der Guermantes nach jahrzehntelanger Abwesenheit, bei dem augenscheinlich wird, wie sehr das Alter die Teilnehmer verändert hat, begreift Marcel seine Aufgabe als Schriftsteller darin, nicht nur das Vergessene zu bewahren, sondern diesen Prozess des Vergessens und Erinnerns zu beschreiben, um die Veränderungen in der Welt zu erklären und dem Geschen einen Sinn zu verleihen. Der Erzähler will das Leben »zur Wahrheit dessen, was es war, zurückführen … und in einem Buch verwirklichen« – und genau das hat Proust mit seinem Werk getan. In diesem philosophischen, psychologischen und historischen Roman werden die unterschiedlichen Aspekte der menschlichen Existenz, ihre Licht- und Schattenseiten erfasst.

Proust, der aus einer angesehenen Familie stammte, hatte Zugang zu allen, auch den aristokratischen Gesellschaftskreisen, er war auch außergewöhnlich gebildet. Mehr als ein halbes Tausend Künstler, Musiker, Philosophen und Dichter werden in dem Werk genannt: Die Fülle der Personen – auch Herzoginnen und Grafen, Diener, junge Mädchen, Generäle, Köchinnen, Schauspielerinnen, Minister, Kriminelle etc. – ist kaum überschaubar und schafft mit den unterschiedlichsten verwickelten Lebensläufen nicht nur ein Bild der damaligen Pariser Gesellschaft, sondern eine umfassende Darstellung des Menschen im Wandel der Zeit.

Für den früh erkrankten Schriftsteller war seine Arbeit eine Passion. In den letzten Lebensjahren schrieb er trotz Lähmungs-

Joyce & Proust

Joyce und Proust konnten persönlich wenig miteinander anfangen. Joyce selbst erzählt die Begegnung im Mai 1922 bei einem Festbankett für Strawinsky und Diaghilew: Proust wie immer im Pelzmantel und Joyce im Straßenanzug – »Unser Gespräch bestand einzig aus dem Wort ›Non‹. Proust fragte mich, ob ich den Duc de Soundso kenne. Ich sagte: ›Non‹. Unsere Gastgeberin fragte Proust, ob er diese und jene Passage aus dem ›Ulysses‹ gelesen habe. Proust sagte: ›Non.‹ Und so fort.«
Beim Verabschieden setzte sich Joyce ungebeten in Prousts Taxi, kurbelte das Fenster herunter und steckte sich eine Zigarre an – zum sprachlosen Entsetzen des asthmaleidenden Proust. Aber an seiner Wohnung angekommen, bat der dennoch höfliche Franzose einen Begleiter: »Seien Sie doch so gut und fragen Sie Monsieur Joyce, ob mein Chauffeur ihn nach Hause fahren darf.« Danach haben sich die beiden nie wiedergesehen.

erscheinungen und Schwindelanfällen unermüdlich weiter, um das Werk zu vollenden. Erst nach seinem Tod erschien es vollständig.

Ulysses (1914–1921) – Roman von James Joyce

Viele kennen den Jahrhundertroman von James Joyce, aber nur wenige haben ihn gelesen – und vor allem verstanden. Denn nach Empfehlung des Verfassers müsse man das 800-Seiten-Opus mindestens zweimal gelesen haben, um es einigermaßen zu erfassen. Der Enthusiasmus der Eingeweihten sollte allerdings auch Neulinge auf das Werk neugierig machen: Einmal im Jahr feiert eine weltweite Fan-Gemeinde den 16. Juni, den »Bloomsday«.

Exakt am 16. Juni 1904 spielt die Handlung des Romans in Dublin. Es wird ein normaler Alltag aus dem Leben des Leopold Bloom geschildert. Unter Ulysses (= Odysseus) hätte man sich allerdings eine heroischere Figur vorgestellt. Anders als der junge geniale Stephen Dedalus, ein Schriftsteller und Shakespeare-Enthusiast, ist Bloom ein ganz gewöhnlicher Durchschnittsbürger, er wurstelt sich durchs Leben, macht seinen langweiligen Job als Anzeigenagent, ist ansonsten ein Genießertyp, der zwar oft zu kurz kommt, im Großen und Ganzen aber zufrieden ist – bescheiden und eigentlich eine gutmütige Natur. Umso mehr muss es verwundern, dass es zahlreiche Parallelen zu Odysseus' Irrfahrten gibt.

Joyce hatte ursprünglich die Kapitel mit den einzelnen Episoden der ›Odyssee‹ überschrieben. Sie bezeichnen die Stationen auf seinem Weg durch Dublin. Zwischen den Stationen liegen die Routen, die er an diesem Tage abläuft. Sie sind so exakt beschrieben, dass man mit ihrer Hilfe das historische Dublin auf dem Reißbrett exakt nachkonstruieren könnte. Wie die einzelnen Stationen

James Joyce, Karikatur von César Albin, 1932.

haben auch die Figuren, denen Bloom auf seiner Odyssee begegnet, eine doppelte Bedeutung. Stephen Dedalus – Dedalus ist der Erbauer des bekannten Labyrinths in Knossos – ist als Telemach der Sohn des Odysseus, Blooms Frau Molly ist Odysseus' Frau Penelope und zugleich Kalypso. Die Amüsierdamen hinter dem »Thekenriff« einer Bar sind die Sirenen usw.

Auch die Handlung orientiert sich am Muster der Odyssee: Blooms Frau Molly hat wie Penelope Verehrer, die die Ehe bedrohen. Bloom findet in dem zusammengeschlagenen und besoffenen Stephen seinen verlorenen Sohn Telemach, den er väterlich bei sich zu Hause aufnimmt. Dieses doppelbödige Beziehungsgeflecht wird noch verkompliziert durch Anspielungen auf christliche und jüdische Traditionen. So ist Bloom auch jüdischen Ursprungs, womit ihn die Dubliner Gesellschaft immer wieder konfrontiert und zum

Außenseiter macht. Auch als Fremdling ist er ein moderner Odysseus auf Irrfahrt.

Der Roman besitzt zahlreiche Ebenen, welche die verschiedensten Schichten der menschlichen Geschichte einbeziehen. Selbst die Menschwerdung wird anhand eines Geburtsvorganges sprachlich nachvollzogen oder menschliche Organe werden in das Bedeutungsgeflecht einbezogen.

Warum das alles? Joyce wollte nach dem Vorbild der ›Odyssee‹ ein Epos schaffen, das entlang der Erzählung einer alltäglichen Irrfahrt die Grunderfahrungen und -probleme des menschlichen Daseins schildert, mit Dublin als Nabel der Welt. Er bewerkstelligt dies mit den Mitteln von Sprachexperimenten und ausgefeilten Erzähltechniken. Die Figuren, ihr Erleben und ihre Erfahrungen werden von innen heraus beschrieben. Ungefiltert sprudeln die Gedanken im berühmten inneren Monolog der Molly Bloom auf fünfzig Seiten ohne Punkt und Komma.

All diese menschlichen Erlebnisebenen bilden miteinander Zusammenhänge, deren Erschließung durch viele indirekte Hinweise im Text oder die Wiederholung quasi-musikalischer Leitmotive ermöglicht wird. Die Bedeutungen liegen also nicht auf der Hand, sondern können erst im Nachhinein erschlossen werden. Das klingt alles sehr mühsam, wird aber durch die sich ständig erweiterten Einsichten in wissenschaftliche und philosophische Welten belohnt, ganz zu schweigen von der Faszination der Sprache mit ihren Lautmalereien, ihrem Wortwitz und ihrer Ironie.

Der Zauberberg (1924)
Roman von Thomas Mann

Als Thomas Mann 1912 seine Frau im Lungensanatorium in Davos besuchte, entstand zunächst die Idee, die morbide Sanatoriumswelt humoristisch zu karikieren. Der Roman wuchs sich über die Jahre zu einem geistesgeschichtlichen Dokument der Vorkriegszeit aus, er wurde für Thomas Mann zum Prüfstein seines eigenen geistigen und politischen Standpunktes.

Ursprünglich wollte der Held des ›Zauberbergs‹, Hans Castorp, nur seinen lungenkranken Vetter in einem Sanatorium in Davos besuchen. Der Besuch wird zu einem langjährigen Aufenthalt, der verzauberte Berg zieht den Hamburger aus dem Flachland allmählich in seinen Bann. Der junge Ingenieur unterzieht sich einem humanistischen Bildungsprozess.

Zwei Figuren wetteifern um die Rolle des Erziehers, der italienische »Zivilisationsliterat« Settembrini und der Ex-Jesuit Naphta. Settembrini vertritt die Lehren und demokratischen Ideen der europäischen Aufklärung. Sein Gegenspieler Naphta hegt eine Begeisterung fürs Mittelalter, lebt nach den Regeln der Askese und sympathisiert mit kommunistischen und totalitären Ideen. Beide verfolgen sie die für die deutsche Kultur wichtigen geistesgeschichtlichen Linien.

Weitere Figuren dieses Bildungsromans sind die schöne Russin M. Chauchat, in die sich Hans Castorp verliebt, der saloppe Chefarzt Behrens, sein psychoanalytisch experimentierender Assistent Krokowski und der Holländer Peeperkorn, der den Lebensgenuss preist. Die dünne und morbide Luft des Bergsanatoriums wirkt auf Hans Castorp bewusstseinssteigernd: Er nimmt Ideen aus den unterschiedlichsten Wissensgebieten – der Astronomie, Biologie, Medizin und der Philosophie – auf, zu denen er nach und nach eine kritisch-ironische Haltung einnimmt. In einer lebensbedrohlichen Situation (»Schneesturm«-Kapitel) gibt ihm ein Traum die Auflösung der widersprüchlichen Thesen seiner »Erzieher« ein. Es ist der Begriff des Lebens, der alles, auch den Tod, aufhebt. Der weitere Aufenthalt wird von Todesfällen überschattet und ist geprägt vom geistlosen Trott des Sanatoriumsbetriebes, bis der Beginn des Ersten Weltkrieges in die todessüchtige Welt einbricht und Castorp ins Flachland zwingt.

Die Zeit ist ein zentraler Gegenstand des Romans und der Erzähltechnik. Auf dem Zauberberg verläuft die Zeit anders als im Flachland. Der gleichförmige Ablauf der Tage, Wochen und Monate erscheint hier als Stillstand. Folglich läuft die »reale« Zeit der insgesamt sieben Jahre immer schneller ab, was durch zunehmende Raffung der erzählten Zeit nachvollziehbar gemacht wird. Neben dem Experimentieren mit der Zeit als erzählerischem Medium entwickelt Thomas Mann noch andere neuartige Erzählformen, so die Verknüpfung von Leitmotiven nach dem Vorbild Wagner'scher Opern.

Das Parfum (1985) – Roman von Patrick Süskind

Kaum ein deutscher Roman war in den vergangenen Jahrzehnten so erfolgreich wie Patrick Süskinds ›Das Parfum‹. Das Werk wurde in 33 Sprachen übersetzt, hat eine Auflage von acht Millionen Exemplaren und stand mehr als sechs Jahre auf den Bestsellerlisten.

Kaum ein Autor ist aber weniger bekannt als der 1949 in Ambach geborene Patrick Süskind. Er lässt sich kaum fotografieren, tritt nicht im Fernsehen auf und lebt zwischen München und Paris vorzugsweise in Mansardenwohnungen. Das ist ungewöhnlich für den Literaturbetrieb, der von der Sensationslust der Medien lebt und ohne Kult um die Autoren nicht auszukommen scheint. Eine Journalistin konnte dem Autor allerdings das Versprechen abringen, seine Anonymität zum 70. Geburtstag (2019) zu lüften.

Im Verborgenen oder gesellschaftlichen Abseits leben und handeln auch die Hauptfiguren in Süskinds wenigen literarischen Werken. Im ›Parfum‹ ist es Grenouille (franz. »Frosch« oder treffender »Kröte«), der schon wegen seiner naturgegebenen Veranlagung nicht in seine Umwelt passt. Nach seiner Geburt im Paris des 18. Jahrhunderts, mitten auf einem stinkenden Fischmarkt, wird er in einem Kloster aufgenommen, erfährt aber aufgrund seines fehlenden Babygeruchs keine liebevolle Zuwendung. Gerade dieser fehlende Geruch macht ihn zum Monster, das sich auf der Suche nach dem schönen Geruch durchs Leben schnüffelt.

Diese Unperson, die weniger menschliche als tierische Instinkte zu haben scheint, rächt sich an der lieblosen Welt auf ebenso lieblose Weise und meuchelt zahlreiche »reine Jungfrauen«, aus denen er wie ein Vampir die Geruchsessenzen aussaugt, um diese zu unwiderstehlichen Duftstoffen zusammenzubrauen. So versucht er, der Welt des Gestanks, aus der er kam, etwas entgegenzusetzen. Er wird zum genialen Chemiker wohlriechender Parfüms, die ihn berühmt machen und es ihm erlauben, seine Umwelt zu manipulieren. Eigentlich beabsichtigt der Frankenstein der Düfte aber nur, sich selbst durch die Verwendung des Duftes liebenswert zu machen.

Als er nach 26 Morden gefasst wird und hingerichtet werden soll, zeigt sich die Wirkung des Liebesparfüms an der »Kröte«. Nun lieben Grenouille alle, doch er ist mittlerweile so verhärmt, dass er gegenüber der begeisterten Menge nur Ekel und Hass empfinden kann. Der Roman endet auf dem Friedhof, wo sich der Protagonist mit seinem wirkungsvollsten Parfüm übergießt, woraufhin ihn die vom Duft betörte Menschenmeute zerreißt und auffrisst. Der Kommentar des Erzählers: »Sie hatten zum ersten Mal etwas aus Liebe getan.«

Als der Roman 1985 erschien, wurde er von der Kritik überwiegend positiv beurteilt. Insbesondere die Rückkehr zur Erzählkunst wurde hervorgehoben. Irritiert waren die Rezensenten allerdings durch triviale Aspekte, die diesem Kriminalroman offenbar zu so viel Popularität verholfen haben, und vor allem durch die epigonale Verwendung literarischer Formen. Dass Literatur unterhaltsam und zugleich qualitativ wertvoll sein kann, stößt zumindest in der deutschen Literaturkritik auf Widerspruch.

Später wurde gerade dieser Aspekt des spielerischen und ironischen Umgangs mit Vorgeformtem an dem Roman als »postmoderner« Stil gewürdigt. Es wurde anerkannt, dass die Anregung der Leselust einer lesemüden Generation auch zur Auseinandersetzung mit eher ungewöhnlichen Stilen und entlegenen Epochen geeignet ist und wenn schon nicht den Geruch, so doch den ästhetischen Geschmack ausbilden kann. Als postmodern an Süskinds Roman wurde vor allem hervorgehoben, dass er sich nicht scheut, traditionelle Stile und Motive zu verwenden und sie zueinander in Beziehung zu setzen, so dass sich unterhalb der Spannungsebene des Kriminalromans noch andere Textschichten bilden, die parodistisch mit dem Material umgehen.

Ästhetisches und intellektuelles Vergnügen stellt sich erst auf der zweiten Verständnisebene ein. So gibt sich das Werk als negativer Entwicklungsroman, der in die Grundaussagen eingerahmt ist: »Wir können dich nicht riechen« und: »Wir haben dich zum Fressen gern.« Das auffälligste Stilmittel ist die groteske Steigerung, die ihre Gegenstände so weit verfremdet, dass sie die Identifikation des Lesers verhindert. Damit grenzt sich dieser Roman am deutlichsten von der Trivialliteratur ab. Er bezieht sich als »olfaktorischer« Roman, der den Geruchssinn anspricht, eher auf die abgehobenen Traditionen etwa eines Proust.

Schließlich ist ›Das Parfum‹ auch ein Künstlerroman von einem (Geruchs-)Genie, das einen Pakt mit dem Teufel schließt. Laborroman ist er als Experimentierstätte oder Hexenküche, in der der Autor – wie Grenouille seine Geruchsessenzen – Ausdrucksformen und Motive vermischt und zusammenbraut.

Anhang

Leseempfehlungen

Anthologien
(Lesebücher, Text- und Gedichtsammlungen)

Literatur des Mittelalters

Michael Curschmann, Ingeborg Glier (Hg.): *Deutsche Literatur des Mittelalters*. Frankfurt 1987.

Friedrich-W. und Erika Wentzlaff-Eggebert: *Deutsche Literatur im späten Mittelalter*. Reinbek 1971.

Literatur der Gegenwart

Die Besten. Die Preisträger aus 25 Jahren. Ingeborg-Bachmann-Wettbewerb. München 2001.

Spitzen Quartett. 10 Jahre literarisches Quartett - ein Lesebuch. München 1998.
Auszüge aus Romanen und Erzählungen, die im literarischen Quartett vorgestellt wurden.

Trash-Piloten. Texte für die 90er. Leipzig 1997.

Prosa-Sammlungen

Deutsche Erzähler. 1. Bd. ausgewählt u. eingeleitet v. Hugo v. Hofmannsthal, 2. Bd. ausgewählt und eingeleitet v. Marie-Luise Kaschnitz (auch als Kassette). Frankfurt 1970.

Das grosse deutsche Novellenbuch. Hrsg. von Effi Biedrzynski. Düsseldorf 1995.

Lyrik-Sammlungen

Elisabeth K. Paefgen, Theodor Echtermeyer, Benno von Wiese: *Deutsche Gedichte. Von den Anfängen bis zur Gegenwart*. Berlin 2005.

Des Knaben Wunderhorn. Alte Deutsche Lieder. Gesammelt von Arnim, Brentano (1806/1808).
Romantische Lied- und Gedichtsammlung.

1001 Gedichte. Digitale Bibliothek 2005

Gesammelte Sagen, Märchen

Jacob und Wilhelm Grimm: *Deutsche Sagen* (1816–1818).

Jacob und Wilhelm Grimm: *Kinder- und Hausmärchen* (1812/15–1857).

Gustav Schwab: *Die schönsten Sagen des klassischen Altertums* (1838–1840).

Das große deutsche Sagenbuch. Hrsg. von Heinz Rölleke. Düsseldorf 1996.

Einzelne Werke

Kunstmärchen, phantastische Geschichten

Clemens Brentano: *Gockel, Hinkel und Gackeleia. Ein Märchen* (1811).

Friedrich de la Motte-Fouqué: *Undine* (1811).

Adelbert von Chamisso: *Peter Schlemihls wundersame Geschichte* (1813).

E.T.A. Hoffmann: *Der Sandmann* (1817).

Wilhelm Hauff: *Das Wirtshaus im Spessart*. In: *Märchen* (1825–1828).

Erzählungen, Novellen

Till Eulenspiegel. Leseausgabe nach dem Straßburger Druck – Ein kurzweilig Lesen von Dil Eulenspiegel (1515), herausgegeben und übersetzt von Vera Fabritz.

Heinrich von Kleist: *Michael Kohlhaas* (1808).

Johan Peter Hebel: *Unverhofftes Wiedersehen*.
Aus: *Schatzkästlein des Rheinischen Hausfreundes* (1811).

Josef von Eichendorff: *Aus dem Leben eines Taugenichts* (1826).

Georg Büchner: *Lenz* (1835).

Annette von Droste-Hülshoff: *Die Judenbuche* (1842).

Jeremias Gotthelf: *Die schwarze Spinne* (1843).

Franz Grillparzer: *Der arme Spielmann* (1847).

Eduard Mörike: *Mozart auf der Reise nach Prag* (1856).

Gottfried Keller: *Kleider machen Leute* (1874).

Theodor Storm: *Der Schimmelreiter* (1888).

Arthur Schnitzler: *Fräulein Else* (1924).

Stefan Zweig: *Die Schachnovelle* (1941).

Martin Walser: *Ein fliehendes Pferd* (1978).

Romane

Christian Reuter: *Schelmuffskys curiose und sehr gefährliche Reisse-Beschreibung zu Wasser und zu Land* (1696).

Johann Gottfried Schnabel: *Insel Felsenburg* (1731–1743).

Christoph Martin Wieland: *Geschichte des Agathon* (1766/67).

Goethe: *Die Leiden des jungen Werther* (1774).
Briefroman.

Karl Philipp Moritz: *Anton Reiser. Ein psychologischer Roman* (1785–1790).

Ludwig Tieck: *Franz Sternbalds Wanderungen. Eine altdeutsche Geschichte* (1798).

Friedrich Hölderlin: *Hyperion oder Der Eremit in Griechenland* (1797 bis 1799).

Novalis (Friedrich von Hardenberg): *Heinrich von Ofterdingen* (1802).
Romanfragment.

Jean Paul: *Titan* (1802).

Goethe: *Die Wahlverwandtschaften* (1809)

Adalbert Stifter: *Der Nachsommer* (1857).

Robert Walser: *Jakob von Gunten. Ein Tagebuch* (1909).

Rainer Maria Rilke: *Die Aufzeichnungen des Malte Laurids Brigge* (1910).

Heinrich Mann: *Der Untertan* (1914).

Franz Kafka: *Der Prozess* (1925).

Hermann Hesse: *Der Steppenwolf* (1927).

Alfred Döblin: *Berlin Alexanderplatz* (1929).

Robert Musil: *Der Mann ohne Eigenschaften* (1. Bd. 1930).

Joseph Roth: *Hiob* (1930).

Erich Kästner: *Fabian. Die Geschichte eines Moralisten* (1931).

Elias Canetti: *Die Blendung* (1930/1931).

Ernst Jünger: *Auf den Marmorklippen* (1939).

Hermann Broch: *Der Tod des Vergil* (1945).

Wolfgang Koeppen: *Tauben im Gras* (1951).

Arno Schmidt: *Die Gelehrtenrepublik* (1957).

Alfred Andersch: *Sansibar oder Der letzte Grund* (1957).

Max Frisch: *Homo Faber* (1957).

Uwe Johnson: *Mutmassungen über Jakob* (1959).

Thomas Bernhard: *Frost* (1963).

Sten Nadolny: *Die Entdeckung der Langsamkeit* (1983).

Europäische und amerikanische Literatur

Lateinische Literatur

Vergil: *Äneis.*
Berühmtes Werk des »römischen Homer« Publius Vergilius Maro (70 bis 19 v. Chr.).
Römisches Nationalepos.

Ovid: *Verwandlungen* (lat.: *Metamorphoseon Libri Publius Ovidius Naso* 1. v. Chr.–10 n. Chr.).
Epos in Versen, das rund 250 griechische und römische Verwandlungssagen enthält.

Italien

Giovanni Boccaccio: *Decamerone* (1348).
Sammlung lehrreicher und unterhaltsamer Geschichten.

Ludovico Ariosto: *Der rasende Roland* (ital.: *Orlando Furioso*, 1505–1515).
Epische Dichtung (40 Gesänge) alter Sagen und Ritterabenteuer.

Giambattista Basile: *Pentamerone* (1634/1636).
Märchensammlung.

Alessandro Manzoni: *Die Verlobten. Mailänder Geschichten aus dem 17. Jahrhundert* (ital.: *I promessi sposi*, 1825/1826).
Historisch-gesellschaftlicher Roman.

Luigi Pirandello: *Novellen für ein Jahr* (ital.: *Novelle per un anno*, 1922–1937), 15 Bände.
Kurzgeschichten.

Italo Svevo: *Zenos Gewissen* (ital.: *La coscienza di Zeno*, 1923).
Roman.

Cesare Pavese: *Der schöne Sommer* (ital.: *La bella estate*, 1949).
Kurzroman.

Alberto Moravia: *Die Mädchen vom Tiber. Geschichten aus Rom*
(ital.: *Racconti romani*, 1954).
Italienischer Erzählzyklus.

Guiseppe Tomasi di Lampedusa: *Der Leopard* (ital.: *Il Gattopardo*,
1957).
Roman.

Spanien / Lateinamerika

Francisco de Quevedo: *Der abenteuerliche Buscón oder Leben und
Taten des weitbeschrieenen Glücksritters Don Pablos aus Segovia*
(span.: *Historia de la vida del Buscón*, 1626), übersetzt von
Hans C. Artmann.
Pikarischer (Schelmen-)Roman.

Jorge Luis Borges: *Labyrinthe* (span.: *El Aleph*, 1949).
Sammlung von Erzählungen.

Julio Cortázar: *Das besetzte Haus* (span.: *Bestiario*, 1951).
Sammlung von Erzählungen.

Mario Vargas Llosa: *Das grüne Haus* (span.: *La casa verde*, 1965).
Roman.

Gabriel García Márquez:, *Hundert Jahre Einsamkeit* (span. *Cien años de
soledad*, 1967).
Roman.

Carlos Fuentes: *Die gläserne Grenze* (span.: *La frontera de cristal*, dt.
Übersetzung 1998).
Roman.

Isabel Allende: *Das Geisterhaus* (span.: *La casa de los esperitus*, 1982).
Roman.

Portugal

Luis Vaz de Camões: *Die Lusiaden* (portug.: *Os Lusíadas*, 1572).
Nationalepos der Portugiesen, misst sich an den Vorbildern ›Odyssee‹ und
›Ilias‹.

Frankreich

Charles Perrault: *Geschichten oder Märchen aus vergangener Zeit* (frz.:
Histoires ou contes du temps passé, 1697).
Märchensammlung.

Voltaire: *Candide oder Der Optimismus* (frz.: *Candide ou l'optimisme*,
1759).
Philosophischer Roman.

Stendhal: *Rot und Schwarz. Chronik des 19. Jahrhunderts* (frz.: *Le rouge
et le noir*, 1830).
Roman.

Honoré de Balzac: *Die menschliche Komödie* (frz.: *La comédie
humaine*, 1842–1848).
Gesellschaftsroman.

Gustave Flaubert: *Madame Bovary* (1857).
Roman.

Emile Zola: *Nana* (1879/1880).
Roman.

Joris-Karl Huysmans: *Gegen den Strich* (frz.: *A rebours*, 1884).
Roman.

André Gide: *Die Falschmünzer* (frz.: *Les faux-monnayeurs*, 1925).
Roman.

Albert Camus: *Der Fremde* (frz.: *L'Etranger*, 1942).
Roman.

Antoine de Saint-Exupéry: *Der kleine Prinz* (frz.: *Le petit prince*, 1943).
Märchen.

Alain Robbe-Grillet: *Die Jalousie oder die Eifersucht* (frz.: *La jalousie*, 1957).
Roman.

Marguerite Duras: *Moderato Cantabile* (1957).

Skandinavien

Hans Christian Andersen: *Märchen, für Kinder erzählt* (dän.: *Eventyr, Fortale for Born*, 1835).
Märchensammlung.

Søren Kierkegaard: *Tagebuch des Verführers*.
Briefroman, Teil des philosophischen Werkes *Entweder – Oder* (dän.: *Enten-Eller*, 1843).

Jens Peter Jacobsen: *Niels Lyhne* (dän., 1880).
Psychologischer Entwicklungsroman.

August Strindberg: *Am offenen Meer* (schwed.: *I hafsbandet*, 1890).
Roman.

Knut Hamsun: *Hunger* (norweg.: *Sult*, 1890).
Roman.

Selma Lagerlöf: *Die wunderbare Reise des Nils Holgersson mit den Wildgänsen* (schwed.: *Nils Holgerssons underbare resa genom Sverig*, 1906).
Märchenhafter Entwicklungsroman.

Niederlande

Cees Nooteboom: *Allerseelen* (niederl.: *Allerzielen*, 1998).

England / Irland

Daniel Defoe: *Robinson Crusoe* (1719).
Roman.

Jonathan Swift: *Gullivers Reisen* (1726).
Gesellschaftssatire mit phantastischer Handlung.

Laurence Sterne: *Tristram Shandy* (engl.: *The Life and Opinions of Tristram Shandy Gentleman*, 1759–1767).
Unvollendeter Roman.

Lord (George Gordon Noel) Byron: *Don Juan* (1819).
Verserzählung.

Charles Dickens: *Oliver Twist* (1837/39).
Gesellschaftsroman.

Charlotte Brontë: *Jane Eyre* (1847).
Entwicklungsroman.

Emily Brontë: *Sturmhöhe* (engl.: *Wuthering Heights*, 1847).
Roman.

Lewis Caroll: *Alice im Wunderland* (engl.: *Alice's Adventures in Wonderland*, 1865).
Phantastische Kindergeschichte.

Robert Louis Stevensen: *Die Schatzinsel* (engl.: *Treasure Island*, 1881/82).
Abenteuerroman.

Oscar Wilde: *Das Bildnis des Dorian Gray* (engl.: *The Picture of Dorian Gray*, 1891).
Roman.

Virginia Woolf: *Die Wellen* (engl.: *The Waves*, 1931).
Roman.

Samuel Beckett: *Der Namenlose* (auf frz..: *L'innommable*, 1953).
Roman.

USA

Edgar Allan Poe: *Der Doppelmord in der Rue Morgue* (engl.: *The Murders in The Rue Morgue*, 1841).
Detektivgeschichte.

Herman Melville: *Moby Dick* (1851).
Roman.

Walt Whitman: *Grashalme* (engl.: *Leaves of Grass*, 1855).
Versdichtung.

Mark Twain: *Die Abenteuer des Tom Sawyer* (engl.: *The Adventures of Tom Sawyer*, 1876).
Roman.

John Dos Passos: *Manhattan Transfer* (1925).
Experimenteller Roman.

John Steinbeck: *Von Mäusen und Menschen* (engl.: *Of Mice and Men*, 1937).
Novelle.

Margaret Mitchell: *Vom Winde verweht* (engl.: *Gone With The Wind*, 1936).
Roman.

Ezra Pound: *Cantos* (engl.: *The Cantos*, 1915–1959).
Modernes Epos mit Bezug auf alte Tradition.

Ernest Hemingway: *Der alte Mann und das Meer* (engl.: *The Old Man and The Sea*, 1952).
Kurzroman.

William S. Burroughs: *Naked Lunch* (1959).
Roman.

Russland

Alexander Puschkin: *Eugen Onegin* (1833).
Roman in Versen.

Nikolaj Gogol: *Tote Seelen* (russ.: *Mertvye dusi*, 1842).
Roman.

Fjodor M. Dostojewski: *Schuld und Sühne (Raskolnikov)* (russ.: *Prestuplenie i nakazanie*, 1866).
Roman.

Fjodor M. Dostojewski: *Die Brüder Karamasow* (russ.: *Brat'ja Karamazovy*, 1879/80).
Roman.

Anton Tschechov: *Eine langweilige Geschichte. Aus den Aufzeichnungen eines alten Mannes* (russ.: *Skucaja Istorija*, 1889).
Erzählung.

Vladimir Nabokov: *Lolita* (1955).
Roman.

Boris Pasternak: *Doktor Schiwago* (*Doktor Zivago*, 1957 in ital. Sprache).
Roman.

Alexander Solschenizyn: *Ein Tag im Leben des Iwan Denissowitsch* (russ.: *Odin den Ivana Denisovicha*, 1962).
Roman.

Ungarn

Sandor Marai: *Die Glut* (ungar.: *A gyertyák csonkig égnek*, 1942/1990),
1998 auf Deutsch neu herausgegeben.
Roman.

Tschechien

Milan Kundera: *Die unerträgliche Leichtigkeit des Seins* (tschech.:
Nesnesitelná lehkost byti, 1982).
Roman.

Asiatische Literatur

Mahabharata (Das große Epos vom Kampf der Bharatas, Entstehung
zwischen 4. Jhd. v. Chr. und 4. Jh. n. Chr. vermutet).
Großes indisches Helden- und Nationalepos, 19 Bücher.

Manas (Nationalepos der Kirgisen, entstanden zwischen 9. und 18. Jh.)
Literarische Verarbeitung von Geschichte und alten Sagen, vergleichbar
den homerischen und mittelalterlichen Epen.

Cao Xuiqin: *Der Traum der Roten Kammer* (chin.: *Hong Lou Meng*, 1792).
Chinesischer Roman.

Lu Xun: *Die wahre Geschichte der Ah Q* (chin.: *Ah Q Zhengzhuan*, 1921).
Chinesischer Roman.

Über Sprache

Christoph Gutknecht: *Lauter Worte über Worte. Runde und spitze Gedanken über Sprache und Literatur*. München 1999.

Harald Haarmann: *Universalgeschichte der Schrift*. Frankfurt 1990.

Werner König: *dtv-Atlas Deutsche Sprache*.
Inhalt: Geschichte, Aufbau und Systematik unserer Sprache, zahlreiche Abbildungen. München 2005.

Hans-Joachim Störig: *Abenteuer Sprache*. Neuausgabe München 2002.

Gerhard Wolff: *Deutsche Sprachgeschichte. Ein Studienbuch*. 2., durchgesehene und aktualisierte Auflage. Tübingen 1990.
Einführung in die Sprachwissenschaft.

Duden: *Grammatik der deutschen Gegenwartssprache*. Hrsg. von der Dudenredaktion. Mannheim.
Systematischer Aufbau nach Lauten, Wortarten, Wort- und Satzbildung.

Deutsches Wörterbuch von Jacob und Wilhelm Grimm. Neubearbeitung. Herausgegeben von der Berlin-Brandenburgischen Akademie der Wissenschaften und der Akademie der Wissenschaften Göttingen. Leipzig. 1983.

Über Literatur

Nachschlagewerke

Herbert A. und Elisabeth Frenzel: *Daten deutscher Dichtung*.
Bd. 1: Von den Anfängen bis zum Jungen Deutschland.
Bd. 2: Vom Realismus bis zur Gegenwart. München 1990.

Walter Killy (Hrsg.): *Literaturlexikon: Autoren und Werke deutscher Sprache*. Gütersloh 1993.

Kindlers Neues Literaturlexikon. Hrsg. von Walter Jens, 22 Bde. Stuttgart 2001.
Auch auf CD-ROM/DVD

Geschichte der Literatur

Ernst und Erika von Borries: *Deutsche Literaturgeschichte.
1. Mittelalter, Humanismus, Reformationszeit, Barock*. München 2005.

Viktor Zmegac (Hrsg.): *Geschichte der deutschen Literatur vom
18. Jahrhundert bis zur Gegenwart*. Weinheim 1996.

Über literarische Formen

Gerhard Kurz: *Metapher, Allegorie, Symbol*. Göttingen 2004.

Emil Staiger: *Grundbegriffe der Poetik*. München 1971.

Reallexikon der deutschen Literaturwissenschaft. Berlin [u.a.] 2003.

Schriften aus aller Welt

Der folgende Reigen von Schriftproben zeigt eine nur sehr kleine Auswahl aus der Vielfalt unzähliger Schrift- und Silbensysteme, wie sie sich seit rund 10 000 Jahren in nahezu allen Gebieten der Erde herausgebildet haben.

Altägyptische Hieroglyphen, 3. Jahrtausend v. Chr.:

Arabisch:

الادارة العـامـة لصِحة البلـديـات غيـر قـابل

للبيع وزارة الدفـاع والطيرـان القسـم الطبى

Aztekisch, bis ins 14. Jh. in Mittelamerika im Gebrauch:

Bengalisch, ca. 16. Jh., Indien:

পূর্ব্ব   কালের   ধনবানের দের   মধ্যে
আমদ্হুলতান্ নামে এক জন ছিলেন
তাহার প্রচুর ধন ও ঐশ্বর্য্য এবং বিস্তর
টসন্যসামন্ত ছিল

Chinesisch (klassisch):

漢汲黯傳

汲黯字長孺濮

衞君至黯七世二

為太子洗馬以必

位黯為謁者東

吳而還報曰越人

之使河內失火延

報曰家人失火屋

河南貧人傷水

謹以便宜持節

Chinesisch (modern):

　　行笔——笔毫平铺纸上，中锋运行，写出点画的主体部分。

　　收笔——承接行笔的趋势，调整笔锋，回锋收笔使笔锋逐渐提离纸面。在一般情况下，收笔后笔毫应基本上恢复到起笔前的形状，以便按同样方法书写下一笔画。

　　在用笔的三个步骤中，起笔、收笔的动作要轻巧、迅疾些，防止过分迟重的偏向。行笔要稳健、扎实些，避免轻飘、浮滑的毛病。这三个步骤不可分割进行，须紧密衔接，一气呵成。

Demotisch, 7. Jh. v. Chr., Ägypten:

Eisenschrift aus dem frühen europäischen Mittelalter, ca. 8. Jh.:

Georgische Schrift, basierend auf dem »Mchedruli-Alfabet«:

რამეთუ ესრეთ შეიყუპარა·ღმერთმან სოფელი
ესე, ვითარმედ ძეცა თჳსი მხოლოდშობილი მოჰსცა
მას, რათა ყოველსა, რომელსა ჰრწმენეს იგი, არა
წარჰსწყმდეს, არამედ აქჲნდეს ცხოვრება საუკუნო.

Hebräisch:

בְּרֵאשִׁית בָּרָא אֱלֹהִים אֵת הַשָּׁמַיִם וְאֵת הָאָרֶץ: וְהָאָרֶץ
הָיְתָה תֹהוּ וָבֹהוּ וְחֹשֶׁךְ עַל־פְּנֵי תְהוֹם וְרוּחַ אֱלֹהִים
מְרַחֶפֶת עַל־פְּנֵי הַמָּיִם: וַיֹּאמֶר אֱלֹהִים יְהִי אוֹר וַיְהִי־
אוֹר: וַיַּרְא אֱלֹהִים אֶת־הָאוֹר כִּי־טוֹב וַיַּבְדֵּל אֱלֹהִים בֵּין
הָאוֹר וּבֵין הַחֹשֶׁךְ: וַיִּקְרָא אֱלֹהִים לָאוֹר יוֹם וְלַחֹשֶׁךְ

Hiragana, japanisches Laut- und Silbensystem für japanische Begriffe:

ん	わ	ら	や	ま	は	な	た	さ	か	あ
	り			み	ひ	に	ち	し	き	い
	る	ゆ		む	ふ	ぬ	つ	す	く	う
	れ			め	へ	ね	て	せ	け	え
	を	ろ	よ	も	ほ	の	と	そ	こ	お

Katakana, japanisches Laut- und Silbensystem für fremdsprachige Begriffe:

ン ワ ラ ヤ マ ハ ナ タ サ カ ア

リ 　 ミ ヒ ニ チ シ キ イ

ル ユ ム フ ヌ ツ ス ク ウ

レ 　 メ ヘ ネ テ セ ケ エ

ヲ ロ ヨ モ ホ ノ ト ソ コ オ

Kambodschanisch:

Koptisch, 3. Jh. v. Chr., Ägypten:

Koreanisch:

韓國語에 대한 研究나 敎育은 그 어느 분야보다도 韓國民의 民族性을 유지하고 韓
國의 固有文化를 계승, 발전시키는 데 있어서 결정적인 역할을 함은 누구나 다 아는
사실이다. 그리하여, 各級學校에서는 國語敎育에 큰 비중을 두고 있다. 그러나, 在外
國民에 대한 國語敎育은 거의 방치되어 있다. 在外國民도 다 같은 韓民族이요, 우리
同胞다. 현재 세계 도처에 거주하고 있는 교포수는 약 300 만이 될 것으로 추정되고

Mittelalterliche Buchschrift, 15. Jh.:

Die nach volgt ein hübſchs büch
lin genant **Liber vagatozum** dicktiert von eim Hoch wir
digt meiſter nomine expertus in trufis\ dem Abone zů
loß vnd ere\ſißt in refrigerium et folacium/ allen men-
ſchen zů einer vnderweiſung vnd lere\ vnd denen die di-
ſe ſtuck Brauchen zů einer beſſerung vnd Bekerung. Vnd
würt diß Büchlin geteilt in drey teil. Das erſt teil ſaget
von allen narungen die die Betler oder landtfarer Brauch-
en\ vnd würt geteilt in .xx. capitel. et paulo plus. Dañ es
ſeind .xx. narungē. et vltra\ da durch der menſch betrog
en vñ vßerfüert würt. Das ander teil ſagt etlich nota-
Bilia die zů den vozgenanten narungen gehözen. Das
drit ſagt vō eim vocaBulari\rotwelſch zů teütſch genát.

Sanskrit, Indien:

क्योंकि ईश्वरने जगतको ऐसा प्रेम रक्खा कि उसने
अपना एकलौता पुत्र दिया कि जो कोई उसपर बिश्वास
करे सो नाश न होय परन्तु अनन्त जीवन पावे।

Schrift der Osterinsel, auch »Rongo-Rongo« genannt:

Palmyrenisch, 3. Jh., Naher Osten:

Samaritisch, 6. Jh., Naher Osten:

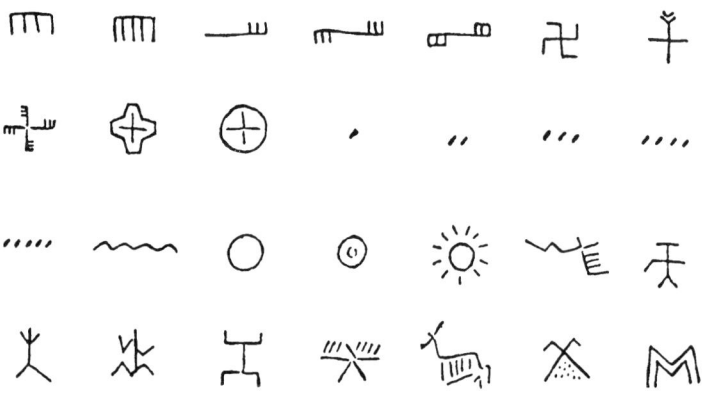

Schrift der Vinca-Kultur, 6. Jahrtausend v. Chr., Südosteuropa:

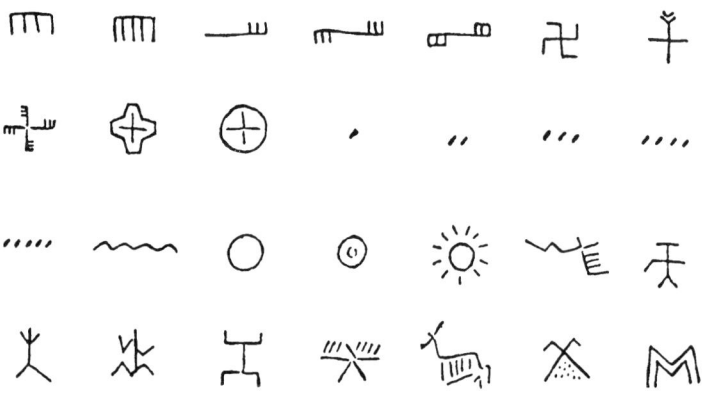

Namenverzeichnis

Bildnachweis

dtv

Einfach wissen

**Das Wichtigste über uns und die Welt, für alle,
die was wissen wollen**

- Grundwissen zu den jeweiligen Sachgebieten
- Über Menschen, Sachverhalte, Epochen, Ereignisse, Schauplätze
- Verfasst von namhaften Wissenschaftspublizisten
- Mit Leseempfehlungen und anderen weiterführenden Hinweisen

Herausgeber der Reihe: Olaf Benzinger

Das Wichtigste über
Literatur & Sprache
Von Johannes Balve
ISBN 3-423-**34361**-3

Das Wichtigste über
Mensch & Gesundheit
Von Thomas Deichmann
und Thilo Spahl
ISBN 3-423-**34362**-1

Das Wichtigste über
Natur & Technik
Von Thomas Deichmann
und Thilo Spahl
ISBN 3-423-**34363**-X

Das Wichtigste über
Länder & Kontinente
Von Claudia Eberhard-Metzger
ISBN 3-423-**34364**-8

Das Wichtigste über
Geschichte & Zeitgeschichte
Von Matthias und Kerstin
von Hellfeld
ISBN 3-423-**34365**-6

Das Wichtigste über
Kunst & Musik
Von Susanna Partsch
und Olaf Benzinger
ISBN 3-423-**34366**-4

Das Wichtigste über
Politik & Wirtschaft
Von Jeanne Rubner
und Arthur Carlson
ISBN 3-423-**34367**-2

Das Wichtigste über
Religion & Philosophie
Von Matthias Viertel
ISBN 3-423-**34368**-0

Bitte besuchen Sie uns im Internet: www.dtv.de